DE LA RÉGLEMENTATION DU COMMERCE DES VIANDES DE BOUCHERIE

DU XII au XVIᵉ Siècle

DANS PLUSIEURS LOCALITÉS

FAISANT ACTUELLEMENT PARTIE DE LA FRANCE

D'APRÈS DES DOCUMENTS ANCIENS

NOTAMMENT DES CHARTES DE COUTUMES & DE PRIVILÈGES

PAR

M. Ch. MOROT

Vétérinaire municipal à Troyes, Président de la Société vétérinaire de l'Aube, Membre correspondant de la Société centrale de médecine vétérinaire et de l'Académie des sciences, arts et belles-lettres de Dijon.

(Extrait du *Recueil de médecine vétérinaire* du 30 septembre 1890).

PARIS
TYPOGRAPHIE & LITHOGRAPHIE A. MAULDE & Cⁱᵉ
144, Rue de Rivoli, 144
—
1890

DE LA RÉGLEMENTATION

DU

COMMERCE

DES

VIANDES DE BOUCHERIE

DE LA
RÉGLEMENTATION
DU COMMERCE
DES
VIANDES DE BOUCHERIE
DU
XIIe au XVIe Siècle

DANS PLUSIEURS LOCALITÉS

FAISANT ACTUELLEMENT PARTIE DE LA FRANCE

D'APRÈS DES DOCUMENTS ANCIENS

NOTAMMENT DES CHARTES DE COUTUMES & DE PRIVILÈGES

PAR

M. Ch. MOROT

Vétérinaire municipal à Troyes, Président de la Société vétérinaire de l'Aube, Membre correspondant de la Société centrale de médecine vétérinaire et de l'Académie des sciences, arts et belles-lettres de Dijon.

(Extrait du *Recueil de médecine vétérinaire* du 30 septembre 1890).

PARIS

TYPOGRAPHIE & LITHOGRAPHIE A. MAULDE & Cie

144, Rue de Rivoli, 144

1890

DE LA RÉGLEMENTATION DU COMMERCE DES VIANDES DE BOUCHERIE DU XIIᵉ au XVIᵉ Siècle

Dans plusieurs localités faisant actuellement partie de la France, d'après des documents anciens, notamment des Chartes de Coutumes et de Privilèges,

PAR

M. Ch. MOROT

Vétérinaire municipal à Troyes, Président de la Société vétérinaire de l'Aube, Membre correspondant de la Société centrale de médecine vétérinaire et de l'Académie des sciences, arts et belles-lettres de Dijon.

(Octobre 1890).

Les différents auteurs, qui ont écrit sur l'ancienne réglementation de la boucherie en France, ne se sont guère occupés jusqu'à présent que de celle de Paris. Il ne faudrait pas en conclure qu'il n'y a que la capitale où le commerce des viandes était autrefois réglementé.

Au Moyen-Age l'inspection de la boucherie fonctionnait non seulement dans des villes, mais encore dans des bourgs de 1,000 à 2,000 habitants et même moins. Il ne reste aucun doute à ce sujet, après la lecture des *Chartes de Coutumes et de Privilèges*, octroyées à un grand nombre de localités par des seigneurs de rangs divers, séculiers ou ecclésiastiques, rois, ducs, comtes, évêques, abbés, etc. Toutefois je crois devoir déclarer ici que beaucoup de *Chartes* de ce genre sont complètement muettes à ce sujet. Qu'il me suffise de citer parmi ces pièces, celles de Dijon (1187), Beaune (1203), Grenoble (1244), Semur-en-Auxois (1276), Lyon (1320). Rien ne prouve d'ailleurs que ce qui manque dans les *Franchises* de ces lieux, ne se trouve pas dans d'autres actes contemporains les concernant. J'ajoute que, dans les cités du Moyen-Age, la question du contrôle des viandes était également réglée par des ordonnances de police (*a*) et par les statuts des bouchers (*b*). J'ai pu m'assurer dans diverses publications qu'il en était ainsi pour les villes suivantes : (*a*), Douai, 1270; Amiens, 1282, 1317, 1448; Montpellier, 1310, 1368, 1556; Vailly-sur-Aisne, 1378; Reims, 1389; Abbeville, xiv° siècle; Montdidier, 1433; Aix, 1569; Bordeaux, 1583; (*b*), Saumur, 1359, 1469, 1481; Angers, 1361, 1388; Langres, 1381; Pontoise, 1403; Meulan, 1404; Béziers, 1408; Chartres, 1416; Evreux, 1424, 1490; Corbie, 1441; Bordeaux, 1461; Caen, 1462; Reims, 1467; Caudebec, 1485; Saintes, 1486; Rouen, 1487 et 1497.

Comme l'ancienne réglementation de la boucherie en France semble assez ignorée de nos jours, j'ai entrepris de la faire connaître, partiellement pour le moins, d'après certains des anciens actes administratifs que j'ai pu consulter. Je me suis surtout inspiré des *Chartes de Coutumes et de Privilèges*, laissant de côté les ordonnances de police et les statuts de boucherie précités, qui seront probablement pour moi l'objet d'études ultérieures.

Afin de rendre plus clair l'exposé de ce travail, je commence par désigner les localités sur lesquelles ont porté mes recherches. Elles sont énumérées dans l'ordre suivant : 1° Localités où l'inspection des viandes est visée d'une façon assez étendue par les *Chartes de Coutumes et de Privilèges*, A, ou par des actes plus ou moins analogues, B; 2° Localités dont les chartes ne traitent que sommairement de l'inspection des viandes, C, ou de l'inspection des denrées alimentaires en général, D; 3° Localités dont les chartes ne s'occupent que des redevances de la boucherie, E; 4° Localités où des questions diverses se rattachant à la boucherie et à la vente des comestibles sont traitées par des documents autres que des *Chartes de Coutumes et de Privilèges*, F: *Chartes de Droits seigneuriaux*, règlements spéciaux, pièces de procédure, arrêts, accords, conventions, traités, enquêtes, etc. Chaque partie de cette liste de villes et de bourgs est établie par ordre chronologique. Pour es *Chartes de Coutumes et de Privilèges*, le classement est fait d'après la date de confirmation de ces pièces par le roi de France. Lorsque cette ratification royale n'est pas connue, ou n'existe pas, comme dans les lieux alors indépendants de la France, il a pour base soit l'époque exacte ou probable de la concession seigneuriale primitive des titres ou de leur renouvellement, soit l'époque d'une approbation souveraine autre que celle du roi de France, comme celle du roi d'Aragon à Montpellier (1204), du roi d'Angleterre à Caen (1421), du roi de Navarre au bourg de Rodez (1535), etc. Quand la liste comprend pour un même lieu deux dates différentes, celles-ci correspondent à deux promulgations successives des chartes. Chaque localité, presque toujours désignée avec le nom actuel, l'est aussi parfois avec l'ancien. La province à laquelle elle appartenait autrefois et le département dont elle dépend aujourd'hui sont ordinairement indiqués.

A

1 — Arles, en Provence. — Bouches-du-Rhône.......... 1162 et 1202
2 — Montpellier, en Languedoc. — Hérault 1204
3 — Carcassonne, en Languedoc. — Aude.................... 1204
4 — Perpignan, en Roussillon. — Pyrénées-Orientales 1242
5 — Opoul, en Roussillon. — Pyrénées-Orientales.............. 1246
6 — Bagé, en Bresse (Bagé-le-Châtel et Bagé-la-Ville). — Ain... 1250
7 — Bourg, en Bresse, — Ain................................. 1250
8 — Pont-de-Vaux, en Bresse. — Ain........................ 1250
9 — Apt, en Provence. — Vaucluse..... 1252
10 — Najac, en Rouergue. — Aveyron........................ 1255
11 — Branges, en Bresse. — Saône-et-Loire................... 1256
12 — Nuef-Chastel ou Neufchatel, en Lorraine (Neufchâteau) —Vosges 1256
13 — Albi, en Albigeois. — Tarn............................. 1268
14 — Louans, en Bresse (Louhans). — Saône-et-Loire 1269
15 — Beaurepaire, en Bresse. — Saône-et-Loire 1271
16 — Collioure, en Roussillon. — Pyrénées-Orientales 1276
17 — Montréal, en Bugey. — Ain............................. 1287
18 — Saint-Georges d'Espéranche, en Dauphiné. — Isère........ 1291
19 — Poncin, en Bugey. — Ain............................... 1292
20 — Rabastens, en Bigorre. — Hautes-Pyrénées 1295
21 — Corbie, en Picardie. — Somme......................... 1297
22 — Marziac, diocèse d'Auch. — Gers 1300
23 — La Bastide-de-Tournay, en Languedoc (Tournay). — Hautes-Pyrénées... 1307
24 — La Bastide-de-la-Peyrouse, diocèse de Tarbes (Peyrouse). — Hautes-Pyrénées 1308
25 — La Bastide-de-Gardemont, en Quercy.................... 1310
26 — Villeneuve-de-Berg, en Languedoc. — Ardèche............ 1312
27 — Montauban, en Quercy. — Tarn-et-Garonne.............. 1322
28 — Villefranche, en Rouergue. — Aveyron................... 1323

29 — La Bastide-de-Trie, en Languedoc (Trie-sur-Baïze). — Hautes-Pyrennées... 1325
30 — Solomiac, diocèse de Lectoure. — Gers............... 1327
31 — La Bastide-de-St-Martin, en Bigorre (St-Martin). — Hautes-Pyrennées... 1327
32 — Val-Roi, en Chalosse, près St-Sever. — Landes............. 1331
33 — Sagy, en Bresse. — Saône-et-Loire............. 1266 et 1347
34 — Grenade, en Languedoc. — Haute-Garonne............. 1350
35 — St-Josse, en Picardie (St-Josse-sur-Mer). — Somme........ 1352
36 — Salon, en Provence. — Bouches-du-Rhône......... 1293 et 1365
37 — Chatillon-sur-Seine, en Bourgogne. — Côte-d'Or............. 1371
38 — Angoulême, en Angoumois. — Charente................. 1373
39 — Eyrieu, en Dauphiné (Heyrieux). — Isère.............. 1389
40 — Montolieu, en Languedoc (Montaulieu). — Aude........... 1392
41 — Figeac, en Quercy. — Lot............................. 1394
42 — Lautrec, en Albigeois. — Tarn............. 1330 et 1395
43 — Fleurence, en Armagnac (Fleurance). — Gers........ 1339 et 1396
44 — Ludesse, en Auvergne. — Puy-de-Dôme................ 1397
45 — St-Rome-de-Tarn, en Rouergue. — Aveyron....... 1322 et 1401
46 — Les « For » du Lautrecois, en Albigeois. — Tarn.......... 1410
47 — Millau, en Rouergue. — Aveyron...................... 1437
48 — Buset, en Languedoc (Buzet). — Haute-Garonne... 1241 et 1461
49 — Moncuc, en Quercy (Montcuq). — Lot................. 1463
50 — Sommières, en Languedoc. — Gard.................... 1463
51 — L'Isle, en Périgord (Lisle). — Dordogne......... 1309 et 1484
52 — St-Symphorien-d'Ozon, en Dauphiné. — Isère..... 1295 et 1488
53 — Bourgoin, en Dauphiné. — Isère................ 1298 et 1497
54 — Flixecourt, en Picardie (Flixicourt). — Somme........... 1507
55 — Bourg d Rodez, en Rouergue (Rodez). — Aveyron......... 1535

B

56 — Cité de Rodez, en Rouergue (Rodez). — Aveyron........... 1307
57 — Provins, en Brie. — Seine-et-Marne..................... 1319
58 — Angers, en Anjou. — Maine-et-Loire............. 1249 et 1329
59 — Toul, en Lorraine. — Meurthe-et-Moselle................ 1330
60 — Laon, en Laonnais. — Aisne........................... 1331
61 — Duché de Savoie. — Savoie et Haute-Savoie............. 1430
62 — Avignon, Comtat Venaissin. — Vaucluse.......... 1563 et 1568

C

63 — Amiens, en Picardie. — Somme.................... avant 1292
64 — Isle d'Albi, en Albigeois. — Tarn........................ 1351
65 — Ravestens, en Albigeois (Rabastens-de-Tarn). — Tarn....... 1351
66 — Marvéjols, en Gévaudan. — Lozère...................... 1366
67 — St-Jean-d'Angély, en Saintonge. — Charente-Inférieure 1331 et 1372
68 — Caen, en Normandie. — Calvados........................ 1421
69 — Castelnaudary, en Lauraguais. — Aude............ 1367 et 1450
70 — Franchise, en Artois (Arras). — Pas-de-Calais............. 1481
71 — Le Mans, Maine. — Sarthe............................... 1481
72 — Harfleur, en Normandie. — Seine-Inférieure............... 1492
73 — Bourges, en Berry. — Cher...................... 1491 et 1498

D

74 — Athyes, en Vermandois (Athies). — Somme 1212
75 — Guiole, en Rouergue (La Guiole). — Aveyron.............. 1351
76 — La Rochelle, en Aunis. — Charente-Inférieure............. 1422
77 — Mende, en Gévaudan. — Lozère 1469
78 — Saintes, en Saintonge. — Charente-Inférieure.............. 1492
79 — Issoudun, en Berry. — Indre............................ 1492

E

80 — Moirens, en Dauphiné (Moirans). — Isère................. 1209
81 — Charros, en Poitou (Charroux). — Vienne................. 1247
82 — Beauvoir-de-Marc, en Dauphiné. — Isère 1256
83 — Cuiseaux, en Bresse. — Saône-et-Loire................... 1265
84 — Jasseron, en Bresse. — Ain 1283
85 — Seyssel, en Bugey. — Ain 1285
86 — Lunas, diocèse d'Agen................................... 1312
87 — Romans, en Dauphiné. — Drôme....................... 1358
88 — Duché de Bourgogne......................... 1270 et 1360
89 — Mailly-le-Château, en Bourgogne. — Yonne................ 1371
90 — La Bastide-de-Réalmont, en Albigeois (Réalmont). — Tarn... 1388
91 — Montferrand, en Auvergne. Annexe de Clermont-Ferrand. —
       Puy-de-Dôme... 1452
92 — Château de Cordes, en Albigeois (Cordes). — Tarn.......... 1491

F

93 — Tolose, en Languedoc (Toulouse). — Haute-Garonne........	1181
94 — Vienne, en Dauphiné. — Isère............................	1276
95 — Reins ou Rains, en Champagne (Reims). — Marne	xiv° siècle
96 — Comté de Provence.......................................	xiv° siècle
97 — La Côte-Saint-André, en Dauphiné (1). — Isère............	1309
98 — Boczosel, en Dauphiné (1) — Isère.......................	1309
99 — Avinionet, en Lauraguais (Avignonet). — Haute-Garonne....	1356
100 — Ostun, en Bourgogne (Autun). — Saône-et-Loire	1387
101 — Pontarlier, en Franche-Comté. — Doubs...................	1393
102 — Nyort, en Poitou (Niort). — Deux-Sèvres.................	1436
103 — Vernon, en Normandie. — Eure	1460
104 — Chalon-sur-Saône, en Bourgogne. — Saône-et-Loire.........	1494
105 — Saint-Malô, en Bretagne. — Ille-et-Vilaine........ 1513 et	1527
106 — Nismes, en Languedoc (Nîmes). — Gard	1529

Juridiction

Autrefois l'inspection des viandes avait ordinairement une réglementation propre à chaque localité et dépendait le plus souvent de l'autorité locale (2). Celle-ci était soit féodale, ou exercée par les seigneurs avec le concours des officiers de police, répondant suivant les endroits aux noms divers de *prévôt, mistral, clavaire, riguier, vicaire, juge, bayle, bailli, maieur ou garde de justice*, etc., soit municipale ou exercée par des magistrats municipaux, variablement dénommés selon les lieux, *maires, mayeurs, échevins, jurés, jurats, prud'hommes, capitouls, syndics, recteurs, procureurs, consuls, conseillers, pairs, gouverneurs*, etc. La juridiction d'une même localité était assez fréquemment plus ou moins partagée, tantôt entre plusieurs sei-

---

(1) Des chartes de droits seigneuriaux du genre de celles de la Côte-Saint-André et Boczosel visent Saint-Symphorien-d'Ozon (1309), Montauban (1144) et Montpellier (1103). villes déjà citées (A).

(2-a) « Dans la plupart des *Chartes de communes* on ne saurait guère attribuer aux rois autre chose que le protocole, la signature et le grand sceau ; évidemment les dispositions législatives sont l'œuvre de la commune elle-même ». Aug. Thierry, 13° lettre.

(2-b) « Les statuts des lieux étoient autant de loix particulières, que chaque seigneur imposoit à ses habitants.... Les seigneurs donnoient le nom spécieux de *franchises* à ces règlements, où sous prétexte de libertez et de privilèges, ils mettoient leurs sujets à contribution et leur faisoient acheter chèrement l'impunité de leurs crimes ». De Valbonnais.

gneurs, tantôt entre l'autorité seigneuriale et l'autorité communale. Cette division du pouvoir était une source fréquente de contestations, soit entre les seigneurs eux-mêmes, soit entre les seigneurs et les municipalités. Il y eût ainsi à Reims, à Autun et à Chalon, des conflits d'attributions à propos de la police de la boucherie.

La ville de Reims comprenait la *terre* ou le *ban* de l'archevêque, la *terre* de l'abbaye de Saint-Remy et la *terre* de la Cathédrale, qui formaient trois seigneuries distinctes. Le *ban* de l'archevêque, érigé en *commune*, appartenait simultanément à deux pouvoirs rivaux, « plaideurs inconciliables et toujours en instance », constamment en lutte pour la défense de leurs droits, privilèges seigneuriaux d'une part et libertés bourgeoises de l'autre. Pendant presque tout le xive siècle l'archevêché (1) et l'échevinage (2) se disputèrent la régie du service de l'inspection des viandes et des autres vivres. En 1379, un arrêt du Parlement de Paris confirma aux échevins la juridiction des vivres vendus par les bourgeois et leur partagea avec l'archevêque celle des vivres vendus par les non bourgeois, avec réserve au prélat « des prises et des amendes », dans l'un et l'autre cas. En 1389, l'échevinage, l'archevêque le chapitre de Notre-Dame et l'abbaye de Saint-Remy réglèrent, par une transaction, leurs droits réciproques sur la vente des vivres et s'engagèrent à faire nommer trois visiteurs des viandes, un par l'échevinage, un par le chapitre et un par l'abbaye. L'accord ne fut pas de longue durée, car bientôt les échevins se plaignirent que le prévôt de l'archevêque avait, en leur absence, « pris ou fait prendre la moitié d'un pourcel qui estoit malsain et sorsemé ». L'archevêque répondit qu'il s'agissait d'un marchand non bourgeois de l'échevinage, et que si son prévôt « avait tenu court et congnoissance de la dicte moictié de pourcel, ce avoit esté par l'esgard et jugement de plusieurs bouchers expers en ce, lesquelz il avoit appelez ». Un arrêt du parlement de Paris, du 10 janvier 1392, vint trancher ce différend.

En 1387, un arrêt du parlement de Paris mit fin à une contestation élevée entre le duc de Bourgogne et l'évêque d'Autun, au sujet de la boucherie de cette ville. L'évêque fut maintenu dans son droit d'y faire connaître, par son prévôt, « des mauvaises chars se on les y met pour vendre ».

A la fin du xve siècle, à Chalon, la boucherie était, comme les autres métiers, sous la double juridiction de la municipalité et de l'évêque. En 1494, les échevins invoquèrent d'anciens privilèges pour avoir à eux seuls l'inspection des denrées avec le droit de confiscation et d'amende. En 1495, un arbi-

---

(1) « Il ne leur sueffre mie à mettre esgardeurs sus les viandes », 1309.
(2) « Les eschevins dient que, tant par chartres anciennes comme par coustumes et usages, ilz sont en possession et saisine, seulz et pour le tout, d'avoir la visitation, congnoissance et le jugement de tous les vivres exposez en vente..... », 1379.

trage du gouverneur de Bourgogne maintint les choses en l'état, à condition « que quand l'une des parties aura prévenu à visiter et à faire déclarer aucune emende, pour aucune denréez et marchandises trouvées faulses et non loyales, l'autre des parties ne pourra, pour le même cas ou délict, faire nouvelle visitation ou nouvelle déclaration d'emende », sauf dans certains cas déterminés.

En 1331, à Laon, après l'abolition de la Commune, la police des viandes et des autres vivres, avec ses « prouffiz et émolumens », appartint à l'évêque et au roi de France. Le bailli épiscopal et le prévôt royal devaient « bannir mauvaises viandes ».

Les municipalités n'avaient pas seulement des conflits avec les seigneurs, elles en avaient aussi parfois avec les bouchers qui prétendaient avoir le droit d'outrepasser les règlements municipaux. C'est ainsi qu'en 1436, à Niort (1), deux bouchers intentèrent une action pour pouvoir vendre des viandes sans que leurs bestiaux fussent visités avant l'abatage. Une sentence, rendue le 17 décembre 1436, débouta les demandeurs de leurs prétentions et maintint la ville de Niort dans « ses droits, possessions et sesines ».

Inspection sanitaire et police

L'inspection des viandes était pratiquée quelquefois par les consuls (Ludesse, etc.), par les prud'hommes de la ville (Perpignan (2), Albi (3), ou par les échevins (Flixecourt (4), etc.). Elle était faite le plus souvent par des préposés spéciaux commis par les seigneurs ou les municipalités et dénommés différemment selon les localités. On les appelait *eswards* ou *eswardeurs*, à Amiens; *esgardeurs sus les viandes, esgardeurs aux chairs* ou *visiteurs*, à Reims; *regardeurs* ou *regardans sur les bouchers*, à Angoulême; *regardeurs* ou *visiteurs de mazels*, à Sommières; *inspecteurs* et *regardeurs de la boucherie, de la triperie et de la poissonnerie*, à Marvejols (5); *proviseurs* et

---

(1) « .... Aucuns bouchers ne pouvoient vendre ne exposer à vente chairs en détail sur les bancs de la boucherie de la Ville, ni ailleurs en icelle, s'il n'estoit manant et habitant de la dite ville....., et que premier les bestes ne soient visitées par les commis et députez du Maire, premier que estre tuées, et au cas qu'elles soient exposées en vente, sans estre visitées, et d'y estre confisquées audit Maire, ... qui les peut faire prendre applicables à son plaisir et volonté et en outre amende de 60 s. 1 d. ».

(2) « Los prohomens de la vila ».

(3) « Los prohomes de la ciutat ».

(4) « On ne peut tuer aucune beste que les eschevins ne l'aient eswardée, à peine de 60 sols et d'interdiction pour un an ».

(5) « Inspectores et regardatores maccelli, riperie, piscarie ».

gardes des boucheries, des viandes et des poissons, à Figeac (1); *regardeurs des viandes et des poissons*, à Apt (2); *prud'hommes, maîtres et gardes du métier de boucher*, à Angers (3); *jurés et gardes de la boucherie*, à Caen (4); *prud'hommes*, à Provins et à Rodez-Cité (5); *muistres bouchiers*, à Châtillon; *maistres de victuaille*, à Avignon. Le plus ordinairement les titulaires de ces emplois s'occupaient seulement des viandes; il existait alors des vérificateurs particuliers pour les autres denrées alimentaires. Parfois ils s'assuraient de l'état des autres comestibles mis en vente. Ainsi à Apt, Marvejols et Figeac, les inspecteurs de la boucherie examinaient les poissons. A Provins, les quatre « preudes-hommes, establis pour visiter et pour veoir les viandes », devaient inspecter « poissons, perdris, connins et autres chars »; ils étaient tenus d'aller « chascun jour visiter ». A Avignon, les deux *maistres de victuaille* examinaient tous les vivres, le pain, la viande, le poisson, etc.; ils juraient de remplir leurs fonctions avec zèle, probité et impartialité et de ne point recevoir de pots-de-vin (6); ils subissaient une peine pécuniaire de 20 sous s'ils ne restaient pas au moins une heure chaque jour à la poissonnerie. A Amiens, si les eswardeurs ne faisaient pas leur devoir, le maire pouvait leur adjoindre « deus eskevins ou autre boene gent ». Les inspecteurs étaient nommés pour un an seulement à Caen (le jour des cendres), Marvéjols, à Sommières, à Rodez-Bourg et à Rodez-Cité, à Reims (entre le jour des *cendres* et le jour des *brandons*). Dans les trois dernières localités ils juraient préalablement de bien exercer leur charge; ils étaient aussi assermentés à Angoulême, à Angers et à Provins. Le serment des inspecteurs était reçu par *le juge* à Rodez-Bourg; par l'évêque et à son défaut par le *bailli* ou *le juge* à Rodez-Cité; respectivement par le *bailli* de l'archevêque, le *bailli* du chapitre et le *garde de la justice* de l'abbaye dans chacune des seigneuries de Reims. A Arles, trois bouchers assermentés étaient préposés à la police de la boucherie (7). En 1564, les échevins de Reims avaient « droict immémorial d'instituer tel nombre qu'il est requis aux estals de *visiteurs et langoyeurs de porcs*, qui sont tenus de s'y faire certiffier capables et donnent caution de 12 livres » (8).

---

(1) « Provisores et custodes in macellis carnium et piscium ».
(2) « Regardadors de las carns e dels peyssons ».
(3) « Boni viri, magistri et custodes ministerii ».
(4) « Jurati et custodes,.... duos burgenses in carnificeria ».
(5) « Idonei homines, probi homines, probi viri ».
(6) « Jurabunt (magistri victualium) diligenter et probe eorum officium, nulla ratione personarum habita, exercere et a muneribus abstinere ».
(7) « Quod tres macellarii statuantur qui teneantur sacramento clavariis communis nuntiare quem.... invenerint ..... delinquentem ».
(8) « Si les visiteurs rapportent bon un porc qui se trouve par après estre

Dans certaines localités, notamment à Angers (1), Sommières, Arles, Salon, Villeneuve (2), Trie (3), Solomiac et Val-Roi, les bouchers juraient, tous les ans généralement, d'observer comme il convient les règles de leur métier. A Angers, ils s'engageaient, en outre, à dénoncer à la justice les vendeurs de mauvaise viande. La prestation de serment avait lieu la veille de Pâques à Trie, Solomiac et Val-Roi; elle se faisait le Jeudi-Saint, à Sommières, devant les officiers royaux, en présence des conseillers.

A Corbie, Saint-Jean-d'Angely, Angoulême, Provins (4) Reims et Châtillon, les viandes reconnues impropres à la consommation étaient saisies et brûlées. A Reims, « l'arsement » des denrées devait être fait « devant l'estal du marchand », ou « devant son hostel si comme bon semblera à justice ». A Châtillon, les viandes condamnées pour « faulseté ou mauvaistié » par des « visiteurs » préalablement assermentés, étaient brûlées dans les conditions suivantes : « Se aucuns bouchiers ont à leurs estaulx char souspeçonneuse d'estre mauvaise, les maistres bouchiers leur doivent dire : Oste ceste char, et il la peult oster sans amende. Et se, depuis la signification des maistres, il la tient à estail et trait en vente, les maistres la doivent prendre et porter au prevost et au maire et la doivent faire visiter par gens en ce congnoissans, et se la char est mauvaise l'en la fait ardoire judiciairement, et alz à qui elle est doit LXV sols tournois d'amende. »

A Najac (5), Grenade, Marziac, Saint-Martin, Rabastens-de-Bigorre, Tournay, Peyrouse, Trie, Solomiac, Val-Roi, Villefranche, Millau et Fleurance, les bouchers étaient obligés de rembourser aux acheteurs le prix des viandes

---

vicieux au lieu de la langue, où il se fait visitation, en ce cas ils sont tenus de payer le prix de l'achapt à l'achepteur, et s'ils le rapportent vicieux, et par après est trouvé bon, ils sont tenus de l'interest au vendeur. Et pour leur sallaire ils ont 6 deniers pour chacun porc, à payer par l'achepteur, duquel sallaire, sont exempts ceux de l'eschevinaige ».

(1) « Et que tous les bouchiers... juroient qu'il ne vendroient char desloïal, et se il savoient que autre le vendit desloïal, que il diroient à la justice, au plus toust que il pourront. »

(2) « Quod macellarii semel in anno jurent super Sancta Dei Evangelia quod in macello vel infra Villam novam, scienter carnes de moria nullo modo vendant, vel putridas, vel alias mortiferas; quando verrem, vel arietem, vel suem, vel carnem leprosam vendant, etiam non requisiti emptoribus prædicant. »

(3) « Quod jurent carnifices semel in anno in Vigilia Paschæ Domini, quod bonas carnes et sanas vendent, ne eas pungent aut vento inflabunt, et quod a Fe to Sancti Johannis Baptistæ usque ad Festum Sancti Michaelis Septembris, dictas carnes in macellis ultra duos dies non tenebunt. »

(4) « Et se ils treuvent viande quelle qu'elle soit, ou poisson ou char, qui convenable ne soit et souffisant, que ils la facent ardoir. »

(5) « Et si vendiderit carnes quæ non essent bonæ, sanæ et legales, amittat carnes quas vendiderit et restituat pretium illi qui eas emerit, et carnes pauperibus erogentur. »

mauvaises ou *malsaines* qu'ils leur avaient vendues. Ces viandes étaient saisies et données aux pauvres dans les onze premières localités. A Saint-Rome, les consuls pouvaient faire don aux pauvres des viandes reconnues invendables comme *insuffisantes pour l'usage de l'homme* (1). A Albi, les viandes malsaines vendues pour des viandes saines étaient données aux ladres ou aux pauvres (2). Autrefois les distributions aux indigents de viandes confisquées comme *malsaines* ou *impropres à la consommation humaine* paraissaient être sans doute des actes méritoires. Aujourd'hui la philantropie se pratique d'une autre façon : Des viandes, de qualité médiocre à la vérité, mais saines ou tout au moins crues telles, sont données aux pauvres par les bureaux de bienfaisance ; quant aux viandes saisies comme insalubres, lorsqu'elles ne sont pas dénaturées et envoyées aux clos d'équarrissage, elles ne sont mangées que par les... animaux des ménageries, et encore a-t-on le soin de choisir pour cet usage les moins mauvaises d'entre les mauvaises.

Il y avait prohibition complète de vente pour les viandes «*pourries*» à Saint-Josse (3) et à Villeneuve ; pour les viandes *fétides*, à Perpignan (4), Opoul et Collioure ; pour les viandes «*puantes*» à Angoulême (5) ; pour les viandes *infectées* en Savoie (6) ; pour les viandes *corrompues* à Gardemont (7), à Avignon (8) et en Savoie ; pour les viandes *prêtes à se corrompre* à Avignon et en Savoie.

---

(1) « Carnes et pisces quos insufficientes ad vendendum pro usu hominis invenerunt,... possint pauperibus elargiri. »

(2) « Se l baile o so loctenem, presens III o motz prohomes autres, atrobara mazelier carns no sanas per sanas, o unas per autras venden, las carns d'aquela manieira donara a mezels o a paupres, e'l mazelier redra al avesque XII dr R. »

(3) « Et quiconques sera trouvés... vendans char pourrie, soufflée ou sourseinée, et il y est reprins..., il sera encourus en amende... et le char fourfaicte... »

(4) « Aliquis non debet carnes vel pisces fetidos (*) ponere seu mittere in aliquo loco publico. » — (*) « Peys o carn pudent ».

(5) « Que touz bouchers vendans aux bans char millargeuse, doivent encourre la paine de 25 sols ; tout ainsi de truye, s'ils ne le vendent es lieux accoustumez ; et ainsi qui vendra char puante, et avec ce, sera arse. »

(6) « Macellarii et piscium utriusque sexus venditores caveant : ne carnes corruptas putrefactionique propinquas vel infectas ; vel ovinas carnes vel caprinas pro motoninis ; porcorumque vel aliorum animalium leprosorum ant morbosorum pro carnibus mundis et sanis : nec non pisces putridos corruptos vel infectos cuique vendere proesumant : seu venales exponere audeant. »

(7) « Quicunque... carnes corruptas vendiderit, dum tamen super hoc convictus fuerit, legitime puniatur juxta qualitatem criminis et vires suarum facultatum, ad arbitrium Bajuli et Consulum. »

(8) « Quod macellarii carnes morbidas et proesertim morbo *de la morie*, nulı modo vendant, nec etiam tauros, verres, porcos leprosos, vitulos, agnos, hœdos extractos ex utero bestiarum mortuarum nec etiam corruptas carnes, vel corruptioni proximas. »

La même interdiction s'appliquait aux viandes *malsaines* à Bourgoin (1), aux viandes *malsaines et non loyales* à Montauban, aux viandes *déloyales* à Angers ; aux viandes *déraisonnables* à Neufchâteau (2) ; aux viandes *mortifères* à Villeneuve ; aux viandes *contraires* à la santé humaine à Montaulieu.

La défense de vente existait : pour les mauvais aliments à Athies (3), pour « tous vivres affectiés » à Saint-Jean-d'Angély, pour les denrées *mauvaises et moins suffisantes* à Caen, pour « aucunes denrées de vivres... se ils ne sont bonnes et loyales..., se ils ne sont dignes de estre appliquez à corps humain », à Vernon. Les consuls devaient veiller à ce qu'il ne fût vendu que des denrées *bonnes et loyales* à Mende et des denrées *justes et suffisantes* à La Guiole.

La vente des fœtus ou des animaux morts-nés était interdite à Montpellier (4), Carcassonne et Avignon.

Le débit des viandes *malades* était complètement interdit à Montpellier, Carcassonne, Salon (5), Avignon, Figeac, Lautrec (6) et dans les « For » du Lautrecois. Il était défendu aux bouchers d'écorcher des bêtes *malades* à Buzet (7).

Il y avait prohibition de vente pour les chairs des animaux ayant la maladie de la *morie* à Avignon, pour les *viandes de morie* à Villeneuve, Montpellier et Carcassonne ; pour les viandes de *bêtes crevées* à Montaulieu (8) et à Albi (9) ; pour celles du bétail « mort de maladie » à Rodez-Bourg. Je crois devoir donner ici quelques explications, d'après Godefroy.

---

(1) « Non possint... animalia malesana... excepto pnrco granato. »

(2) « Se aucuns vent char desraisnable à borjois, ou à clerc, ou à chevalier, il doit cinq sols. »

(3) « Si quis... de pravo cibo... fuerit accusatus, Johannes Major cum Scabinis debet illuc ire et facere quod Scabini decreverint. »

(4) « Sed tamen carnem de moria, vel infirmam, vel non natam, nullus vendat intra villam. »

(5) « Macellarii nullam carnem infirmam vel a judeis occisam vendant ullo modo, ex certa scientia sua,... »

(6) « Carnes morbosas seu alias indebitas. »

(7) « Nullus autem vendentium carnes sanas, animali morboso excoriabit ; quod si facere præsumpserit, solvet nobis quinque solidos Tolose pro justicia et emenda ; et extunc carnes sanas non vendet. »

(8) « Quod carnifices in terris et locis communitatis, per consules assignatis, non nfra domos, carnes vendant non morticinas nec saluti humane contrarias. Quod si quis hec temptare præsumpserit, carnes tales venales positas, Regi pro medietate, et consulibus pro reliqua medietate applicentur, et contrafaciens ab officio et sociorum carnificum consorcio medio anno sit privatus. »

(9) « Se mazelier carns moriosas o aquelas que de lor propria mort seran mortas vendra o venals las pauzara, e d'aco convencutz sera, en autra manieira, enaissi coma drechuriera causa sera, per lo avesque o per som baile sia punitz. »

sur le mot *Morie* qui vient d'être cité, ainsi que sur deux mots qui s'en rapprochent : *Morine* et *Morille*. — A. *Morie*, s. f., (*Morye, Mourie, Murie*) avait anciennement pour signification : 1° mort; 2° cadavre des bêtes mortes de maladie (*chars de Murie, beste de Murie*). On dit encore en patois, dans la Franche-Comté, *Murie* pour *Charogne*. — B. *Morine*, s. f., (*Morrine, Mourine, Murine, Mornie*) signifiait autrefois : 1° épidémie, maladie mortelle, mort; 2° bête crevée (*char de Morine*). On dit encore en patois, dans le Poitou, *Mourine* pour maladie épizootique, mortalité sur les bestiaux, et, dans le Forez, *Mourina* pour maladie, pourriture. — C. *Morille*, s. f., s'employait anciennement avec la signification suivante : 1° sorte de maladie (*chevaus morts de Morille*); 2° bête crevée (*char de Morille*). Contrairement à l'opinion de Secousse, mentionnée sans discussion par Godefroy, je crois que le mot *Murie*, dont on se servirait encore à Langres avec la signification de *chair salée* ou de *poisson salé*, n'a aucun rapport avec le mot *Murie* pris dans les sens sus-indiqués. J'estime qu'il se rattache au vieux mot français *Mure* (eau salée) encore usité de nos jours comme synonyme de saumure, notamment dans la Côte-d'Or et dans l'Yonne.

Il y avait interdiction de vente dans les boucheries à Buzet pour les viandes *morbifères*, qui étaient saisies et données aux pauvres (1); à Heyrieux et à Saint-Georges pour les viandes *malades* et les viandes *vicieuses*; à Montpellier et à Carcassonne pour les viandes des animaux qui, avant leur mort, n'avaient pas voulu manger; à Lisle pour les viandes *infectées* (2). On rejetait des boucheries : les viandes *non suffisantes* et *non marchandes* à Sommières (3); les viandes *infectées* à Trie (4), Solomiac et Val-Roi. Il n'est pas dit si ces viandes pouvaient se vendre ailleurs qu'aux boucheries.

La vente était défendue dans les boucheries, mais permise dans de endroits spéciaux : à Saint-Symphorien pour les viandes *vicieuses* (5); à

---

(1) « Nullus erit ausus vendere carnes morbiferas loco ubi vendentur carnes sane, et qui contra facere prœsumpserit, carnes dabuntur pauperibus, juxtam noticiam consulum; nobis autem solvet duos solidos et sex denarios Tolose, pro justicia et emenda ».

(2) « Si quis vero post et contra bannum seu proclamaciones Rectorum carnes leprosas; sicut suas, ovinas, caprinas vel yrcinas aut alias pravas vel infectas, in loco communi ubi sane carnes vendi consueverunt, vendiderit, in 5 s puniatur ».

(3) « Quant les bouchiers ou mazeliers tuent ou font tuer aucune beste non souffisante ne marchande, iceulx visiteurs la font mectre hors dudit mazel ou boucherie ».

(4) « Quod Consules vel alii per ipsos instituti cognoscant et cognoscere possin si carnes erant bonæ et sufficientes, aut infectæ...; quod si bonæ non fuerin sed infectæ, quod a dictis macellis ejiciantur omnino ».

(5) « Qui carnes morbosas aut viciosas aut carnes suis aut capre in macell venderit, debet pro banno 60 solidos V.; in macello vero qui vocatur chevrer possit vendere quascumque carnes voluerit ».

Saint-Symphorien, Montcuq (1), Apt (2) et Arles (3) pour les viandes *malades;* à Apt, Arles, Perpignan (4) et Opoul pour les viandes de *bêtes crevées;* à Arles pour les viandes *blessées;* à Châtillon (5) pour les viandes *glaireuses* ainsi que pour les bœufs et les vaches que les *maistres bouchiers* n'avaient pas examinés sur pied et qu'ils n'avaient pas vus manger avant l'abatage ; à Toul (6), pour les viandes *défendues.* A l'étal de basse boucherie de Saint-Symphorien appelé *Chèvrerie,* on pouvait vendre toutes les viandes que l'on voulait.

A Baugé (7), Bourg, Pont-de-Vaux, Branges et Sagy, les viandes *corrompues* ne pouvaient être vendues pour des viandes saines, mais seulement livrées aux acheteurs qui les acceptaient sciemment. En Savoie, les viandes *malades* ne pouvaient être vendues pour des viandes saines.

La viande *ladre,* absolument défendue à Avignon et à Saint-Josse, était tolérée en d'autres villes dans une certaine mesure. A Villeneuve le débit en était autorisé à condition pour les vendeurs d'en signaler l'état aux acheteurs, même sans en être requis. Elle pouvait être vendue comme telle et

---

(1) « Mar no devo talhar ni vender dins les macels comunials carns ni hergozas(?) ni morbosas, ni troia ni cabra, ni auelhia, ni autras carns, si no ero vezendas; e si o fazian, serian encorregut per soixante sols al senhor per justicia et d'un an no talhara els mazels; car aytals carns se devo vender foris dels mazels, a part, in loc que aparesta evidenmen que a tals carns fa ».

(2) « Adjudicaverunt Consulibus ne carnes morbose seu tantum fortuito mortue, aut yrcine, nisi ubi consules voluerint, vendant et jus expellendi si eis videbitur faciendum; et si contrarium fieret, jus puniendi et mutandi macellum ».

(3) « Quod carnes butate vel mortue vel vulnerate aptate in Arelatem non vendantur in macello; et idem dicimus de porco leproso et aliis animalibus infirmis. Volumus tamen quod vendi possint in locis remotis a macello secundum arbitrium clavariorum».

(4) « Carnes morticimas (*) nemo debet ponere nec vendere, nisi in tabulis que adherent loco ubi venditur oleum. Quod si alibi quis posuerit, potest dici bajulo per probos homines ville; et si bajulus non removerit possunt probi homines, illi vel alii, impune eas prohibere, sine omne pena. » — (*) « Carns mortes per simetexes ».

(5) « Nuls bouchiers ne peult vendre char de beuf ne de vaiche en la boucherie de Chastillon, se les maistres bouchiers n'ont premiers veu mangier la beste, ains que le bouchier la tuoit. Et s'il la tue sans visiter et il la mecte avant en la boucherie, il doit LXV sols tournois d'amende, et est la char gectée hors de la boucherie et la vent l'on comme char diffamée. Les bouchiers ne peullent vendre char au maiseaul dont la char soit glareuse, mais se vent hors de la boucherie, et cilz qui la met en avant doit LXV sols d'amende ».

(6) « Si aucuns bouchers avaient chairs percluses (*), ils ne les devraient, ni ne pourraient les mettre en vente aux étaux communs avec la bonne chair, mais hors et loin avec la vente des chairs reprochées, hors la porte à Péron, sur planches près de terre, seulement d'un pied et non plus haut. » (Vieux style modifié). — (*) (Percludere, prœcludere, interdire, défendre) (?).

(7) « Qui suem pro porco masculo aut carnes corruptas pro sanis vendiderit, nisi hœc emptori manifestaverit, nobis in sexaginta solidis teneatur ».

non comme saine en Savoie, à Carcassonne, à Montpellier (1), à Albi (2), à Bourgoin (3), à Montréal (4), à Poncin, à Louhans (5) et à Beaurepaire. La vente en était défendue dans la boucherie à Lisle; elle pouvait avoir lieu dans un endroit spécial à Arles et à Angoulême. Je dois expliquer ici pourquoi j'ai traduit l'expression de *char millargeuse*, employée à Angoulême, par *chair ladre*. *Millargeux, milhageux, milhagneux*, en basse latinité *meligniosus*, est un adjectif signifiant *pourri, où il y a des vers*, d'après Godefroy; *corrompu, gâté*, d'après Ducange; *puant*, d'après Roquefort. Dans les statuts de la boucherie de Bordeaux de 1583, il est question de pourceaux *millargeux* ou ayant la *millargue*. *Millargue* n'est autre que *millarge (meillarge)*, s. f., signifiant d'après Godefroy *chair gâtée, chair pourrie*. A mon avis, les mots *millarge* et *millargeux*, au lieu d'avoir une signification aussi étendue, doivent tout simplement être considérés comme les équivalents de *ladrerie* et *ladre*, de *grainage* et *grainé*. Voici sur quoi je m'appuie pour émettre cette opinion : *Millarge* a évidemment pour racine le mot roman *millargos*, qui veut dire *millet, grain de maïs*. *Millargos* vient lui-même du latin *milium, millet* et a pour radical *melh, mel, milh*. Or *millarge* dérivant de mots signifiant *grain de maïs, grain de millet*, présente à notre esprit l'idée de *grain, grainage* et par suite *ladrerie*.

Il était interdit de vendre du taureau et du verrat à Avignon. A Toul, il était défendu de faire cuire des chairs de boucs ou autres chairs « pouvant attirer le venin dans la ville »; ces viandes devaient être portées hors de la cité, « afin de ne pas infecter icelle ».

A Avignon, les brebis ne pouvaient être vendues que dans des étaux autres que ceux où étaient exposés les moutons et les béliers châtrés (6).

On devait vendre, non aux étaux ordinaires, mais dans des endroits spé-

---

(1) « In nullo loco macelli vendatur caro yrcorum vel de cabritz, nec caro de moria, vel infirma, vel leprosa pro sana, vel de pecore quod vivens nolit manducare; nec quis vendat carnem arietis vel de feda pro mutone castrato, nec carnem de trueia pro carne porci. Si tamen hoc fecerit aliquis, precium carnis in duplum restituat ».

(2) « Carns meselas vendudas unas per autras ».

(3) « Quod macellarii non possint vendere troyam seu porcam pro porco, nec porcum granatum vel malesanum pro sano, nec coppiam vel ovem pro mutone.... ».

(4) « Non debent vendi ullo tempore carnes leprosæ, seu granatæ, pro sanis nec carnes femellæ pro masculis, nec debent carnifices dimittere carnes caprarum seu aliquarum bestiarum per aliquam moram temporis, vel horæ in aqua per hyemem sive æstatem nec ullo modo aliquod falcimentum facere; quæ si fecerint carnifices, et ementi carnes non dixerint, vel si aliquod falcimentum fecerint in 7 S. V., domino teneantur, et burgensi ad emendam ».

(5) « Qui vendra char grenée pour saine, il nos debvra sept souz ».

(6) « Quod non possint vendere oves in tabulis in quibus verveces et arietes castrati venduntur, sed illas seorsum a prædictis locis vendant ».

ciaux : Du bouc à Apt, de la truie à Angoulême, de la chèvre et de la truie à Saint-Symphorien, de la chèvre et de la brebis non châtrée à Rodez-Cité (1), de la brebis portière, de la chèvre et de la truie à Montcuq.

La vente à la boucherie était défendue pour la viande d'animaux mâles non châtrés, à Châtillon (2) ; pour celle de truie et de chèvre, à Heyrieux et à Saint-Georges ; pour celle de bouc et de chèvre, à Montpellier et à Carcassonne ; pour celle de truie, de brebis, de chèvre et de bouc à Lisle. Il y a lieu de supposer que ces viandes se vendaient dans des endroits spéciaux, tout au moins à Châtillon, Montpellier, Carcassonne et Lisle.

Les bouchers ne devaient pas vendre des viandes de femelles pour des viandes de mâles, à Montréal, Poncins, Louhans (3) et Beaurepaire ; de la truie pour du cochon à Baugé, Bourg, Pont-de-Vaux, Branges et Sagy ; de la brebis ou de la chèvre pour du mouton en Savoie, de la brebis ou de la chèvre pour du mouton et de la truie pour du cochon à Bourgoin ; de la brebis ou du bélier pour du mouton et de la truie pour du cochon à Montpellier et à Carcassonne ; de la brebis pour du *vrai* mouton et de la truie pour du porc à Salon (4).

A Rodez-Bourg, les bouchers ne pouvaient vendre du bouc, de la chèvre, de la brebis et de la truie « dedans la boucherie ni ailleurs, sans informer les acheteurs ». De même à Villeneuve, les bouchers ne pouvaient débiter de la truie, du verrat et du bélier, à moins d'en prévenir les acheteurs, même sans en être requis.

Il était interdit de souffler les viandes à Rodez-Bourg, Salon, Trie, Solomiac, Val-Roi et Bourgoin (5). La vente de la viande soufflée, complètement prohibée à Saint-Josse et à Millau, était seulement interdite dans les boucheries ordinaires à Rodez-Cité et à Arles.

---

(1) « Certificantes tunc emptores illas carnes esse caprinas seu de ove quæ non fuerit sanata (*) neque porcorum malegivesorum (?) sive themargiorum (?) neque oves, neque carnes animalium quæ non potuerunt venire pedibus suis ad dictam civitatem, nisi esset venatio, vel bone et monde carnes salse, neque carnes buffando inflatas, quoniam ex hoc multa mala proveniunt seu provenire consueverunt ; sed dictas carnes, si velint, vendant alibi et seorsum asserendo expresse quæ et quales sint ». — (*) *Sanare, saner*. D'après Gourdon, du temps d'Olivier de Serres, *saner* était synonyme de châtrer. Dans la Côte-d'Or (Auxois), on dit vulgairement *serner* une truie, pour châtrer une truie.

(2) « L'on ne peult vendre en la boucherie coillart, qui le y met avant, il doit dix sols tournois d'amende ».

(3) « Qui vendra à maiseal, femelle pour malle,..... il nos debvra soixante souz ».

(4) « Nec vendant quærenti carnes veri motonis vel porci carnes ovinas vel suillas, ni prius clare et intelligibiliter certificaverunt volentes emere quod carnes illæ sunt ovillæ et suillæ ».

(5) « Quod mecellarii non debent conflare, nec farcire, nec sanguinolendare modo aliquo, nec aliquod vicium facere in aliquas carnes venales ».

A Rodez-Cité on ne pouvait vendre aux étaux où on vend la bonne viande (1), mais seulement dans un endroit désigné (2), les viandes moins bonnes et moins propres à être mangées (3), notamment celles des animaux qui n'étaient pas venus sur leurs pieds dans la ville, à l'exception de la venaison et des bonnes salaisons.

A Avignon, la vente du sang d'animaux autres que les agneaux, les chevreaux et les porcs n'était pas permise.

A Salon, les bouchers devaient vendre le sang et les tripes dans leurs maisons, à l'écart, au lieu de les exposer sur leurs tables de vente (4).

A Montréal et à Poncin il était défendu de tremper dans l'eau, pendant un certain temps, en été comme en hiver, les viandes de chèvres et d'autres bêtes. A Bourgoin, il était interdit d'ensanglanter les viandes. A Salon (5) il était défendu d'augmenter le volume des rognons de graisse des chevreaux, agneaux, moutons et brebis en les soufflant ou en cachant quelque chose dessous. Il y avait également défense d'étendre de la graisse d'un animal quelconque sur les hanches d'autres animaux pour les faire paraître plus gros et plus gras.

A Avignon, les viandes ne pouvaient être débitées que quatre heures après l'abatage. Les bouchers devaient les exposer publiquement en vente, sans en cacher nulle part (6).

A Ludesse les viandes ne pouvaient être vendues plus de deux jours après l'abatage. A Trie, Solomiac et Val-Roi, elles ne devaient pas être conservées plus de deux jours dans les boucheries, de la Saint-Jean-Baptiste (24 juin), à la Saint-Michel (29 septembre). A Châtillon les viandes ne pouvaient être gardées que trois jours en hiver et deux jours en été (7).

A Rodez-Cité (8) et à Rodez-Bourg, les viandes débitées contrairement aux

---

(1) « Tabulariis ubi bonæ carnes communiter venduntur et vendi debent seu consueverunt ».

(2) « In certo loco ad hoc deputando... ».

(3) « Carnes minus bonas et minus idoneas ad comedendum ».

(4) « Nec teneant sanguinem nec budellatos super tabulas suas, ad vendendum, sed infra domos suas in occulto ».

(5) « Nec inflent renes agnorum nec hœdorum nec mutonum nec ovium ponendo aliquid subtus renes, nec ipsa animalia inflent per flatum vel alia fraude quacumque ; nec fundant pinguedinem alicujus animalis super ancas ut pingniores vel grossiores appareant ».

(6) « Quod nullæ carnes vendantur, nisi manserint occisæ per quatuor horas ». — « Quod non teneant carnes occultas in earum domo, vel tabulario macelli, sed illas publice in macello venales exhibeant ».

(7) « Bouchiers ne peult apporter au maiseaul char pour vendre, selle n'est salée, que deux jours après ce qu'elle est tuée ; especialement en l'esté temps, et en yver, troys jours. Et qui la y apporte de plus elle est souspeçonneuse ».

(8) « Bajulus civitatis, consulibus ad hoc præsentibus et vocatis, capiat eas (carnes) et det quæstoribus pauperum verecundorum et induendorum distribuendas per eos et nulla alia pœna propter hoc infligatur ».

prescriptions réglementaires, notamment les viandes de basse boucherie vendues pour des viandes ordinaires, étaient saisies et données aux pauvres « sans autre peine ». A Montpellier et à Carcassonne, le boucher devait rendre à l'acheteur le double du prix qu'il en avait reçu, lorsqu'il était pris à débiter des viandes absolument prohibées, ou seulement défendues à la boucherie, ou données pour d'autres. Les bouchers ne devaient pas mentir aux acheteurs à Apt (1), à Arles (2) et à Salon (3). Dans les deux dernières villes, lorsqu'ils trompaient les gens en leur vendant une viande pour une autre, ils subissaient une amende dix sous en plus de la confiscation de ce qu'ils avaient ainsi vendu ; ils étaient en outre astreints au remboursement du prix d'achat à Arles.

A Avignon, l'abatage des animaux s'effectuait dans un endroit particulier vulgairement appelé le « tuadour ». Il était interdit le Vendredi-Saint avant midi et tous les vendredis, du 1er mai au 29 septembre ; les moutons devaient être apportés *entiers* de la tuerie à l'étal. A Bourgoin, les bouchers abattaient leurs bestiaux dans un endroit spécial, au bord d'une rivière. A Nîmes, les animaux de boucherie devaient être tués hors de la ville, « aux lieux pour ce ordonnés et accoustumés sur peine de 10 livres et de confiscation de la cher ». A Sommières, les bouchers ne pouvaient sacrifier leurs animaux qu'à la « boucherie » (abattoir) ; les vidanges et le sang devaient être jetés à la rivière, hors de la ville (4). L'abatage des animaux, interdit dans les boucheries à Millau, Arles (5) et Salon, l'était aussi sur la voie publique dans les deux dernières villes. A Arles les cornes ne devaient pas être jetées à la rue ; les peaux n'y pouvaient, pas plus qu'à Nîmes, être étendues sur la voie publique. A Salon il était défendu aux bouchers de répandre leurs eaux sanguinolentes dans la rue (6).

---

(1) « ..., ut carnes vendantur sine contagione, sine vitio, sine mendacio, et sine nfirmitate ».

(2) » Quod si quæsitum fuerit ab aliquo macellario cujus modi carnes sint quas tenet venales, super hoc teneatur dicere veritatem, quod si non..... dixerit, et carnes alteras pro aliis vendiderit, amittat carnes venditas et sint emptoris, et emptori pretio restituto, nihilominus solvat pro pœna communi 10 s... ».

(3) « Neminem decipiant mentiendo ».

(4) « Sont tenus les mazeliers ou bouchers faire porter hors la ville, en la rivière de Vidoule, au lieu appelé Tranquart, le sang, ordures, bates, ongles et ordures de bestes et autres immondisses yssans du bestial qu'ils tuent ou font tuer, et sont tenus tuer ou faire tuer leurdit bestail en ladite boucherie, ou mazel, soit ledit bestail gros ou menuz, et doit estre sain, bon, net et marchant... »

(5) « Quod nullus macellarius audeat aliquod animal strangulare, sive minuere, seu sanguinare in macella vel in via publica..., nec coria extendere in via publica..., nec cornua projicere... »

(6) « Aquas de quibus lavant sanguinem carnium suarum non projiciant in vico macelli, nec in carreria publica »,

A Reims, en 1384, les bouchers abattaient leurs bestiaux en ville et non dans les faubourgs comme auparavant. « Ils tuent, écorchent, brûlent leurs bêtes, en jettent le sang et les ordures au milieu des rues et par leur fait, il y a telle punaisie dans certaines rues, qu'on ne peut y passer et que l'air en est tout corrompu ». Le bailli et les échevins tentèrent en vain de donner satisfaction aux plaintes de la population à ce sujet. La paroisse de Saint-Hilaire fut plus heureuse dans ses réclamations ; elle obtint en 1400, du Parlement de Paris, que les bouchers ne pourraient faire fondre les graisses dans leurs maisons par crainte d'incendie ou d'autres inconvénients et qu'ils seraient « tenuz de porter ou faire porter aux champs toutes yssues et sang de leur abat », chaque jour en été et tous les deux jours en hiver, sous peine d'une amende de huit sous applicable les trois quarts aux réparations de l'église et l'autre quart aux « *regars* ou *regart* », préposés à la surveillance des tueries.

En Savoie et à Bourgoin, les bouchers vendaient non seulement de la viande, mais encore du poisson. Les bouchers de Bourgoin ne pouvait s'associer plus de deux pour l'exercice de leur commerce.

A Sommières, les bestiaux d'approvisionnement étaient gardés tous ensemble, à frais communs entre les bouchers. A Montaulieu, les habitants pouvaient en remboursant le prix d'acquisition retenir les porcs et les moutons, achetés par les bouchers dans leur localité en leur présence. Cette coutume et d'autres analogues, destinées à faciliter l'approvisionnement local, étaient en usage dans d'autres pays du Midi. A Sommières les étrangers ne pouvaient acheter des vivres avant que les gens du pays en fussent pourvus.

Autrefois les étaux destinés à la vente de la viande étaient très souvent réunis dans un même local appelé boucherie, qui appartenait soit au seigneur (boucherie seigneuriale), soit à la commune (boucherie communale). Dans un grand nombre de localités (Montaulieu, etc.), les viandes ne pouvaient se vendre qu'en cet établissement ; dans d'autres elles se débitaient en même temps ailleurs, notamment au domicile des bouchers (Jasseron, Cuiseaux, Trie, Solomiac et Val-Roi). Dans ces trois dernières localités, l'emplacement des étaux était désigné par les Consuls. A Chalon, pendant la foire, il y avait des bouchers forains dont les étaux étaient hors de la cité et qui payaient le « charnage » pour toute la durée de la foire ; en temps ordinaire le commerce de la boucherie ne pouvait se faire qu'en un seul endroit de la ville, « aux grans bans où l'on vant la char », qui étaient au nombre de dix-huit. A Cuiseaux, le seigneur ne pouvait changer la boucherie de place qu'à condition de ne causer aucun préjudice. A Perpignan, Opoul et Collioure, la boucherie ne pouvait être déplacée par le seigneur, ni par quelque autre personne ; les étaux qu'on y installait au-dessus du nombre habituel étaient enlevés par le bayle et à son défaut par les prud'hommes.

A Reims, depuis longtemps, la viande ne se vendait qu'à la boucherie de l'Archevêque, lorsque le Chapitre de la Cathédrale établit une boucherie dans la « Cour Nostre-Dame ». Pour empêcher cette concurrence préjudiciable à ses intérêts, l'Archevêque intenta en 1382, un procès au Chapitre, disant qu'en vertu d'anciens privilèges il avait seul le droit d'avoir une boucherie à Reims (1). En présence de ces prétentions, le Chapitre répondit qu'il devait avoir une boucherie sur ses terres comme le Chapitre de toutes les autres cathédrales de France, que d'ailleurs on ne pouvait s'approvisionner à la boucherie de l'Archevêque, où se débitaient des viandes mauvaises et mal inspectées, et qu'enfin l'installation d'un établissement rival ferait diminuer le prix de la viande (2). En 1383, le Parlement de Paris trancha ce différend en autorisant le Chapitre à avoir « trois estaux joins et conjoins ensemble... et y faire vendre chars... où bon lui semblera » dans sa terre. Mais bientôt le Chapitre fit « faire et drecier en la Cour Nostre-Dame, oultre et par dessus les trois estaux à bouchier qui y estoient, un austre estal de planches à quatre piès portatifz. » En 1385, un arrêt du Parlement de Paris, ordonna la démolition de ce quatrième estal.

Mode de Vente; — Taxe.

A Arles, le porc salé se vendait au poids (ad libram et ad pondus quintalli), sous peine de confiscation et d'amende de 10 sols.

Les bouchers devaient vendre la viande à un prix convenable à La Guiole (3), à Montauban (4) et suivant ce que coûtaient les bestiaux à Angers (5); ils pouvaient au besoin, à Harfleur, être obligés de la débiter à un « prix raisonnable ». La viande était taxée à Avignon, Lautrec et dans les « For » du Lautrecois, à Rodez-Bourg et à Rodez-Cité, à Villefranche, Najac, Saint-Martin, Rabastens-de-Bigorre, Grenade, Marziac, Tournay, Peyrouse, Trie, Solomiac, Val-Roi et Toulouse (6). Le bénéfice des bouchers sur un sou

---

(1) » ... Archiepiscopus... fuisset et esset in possessione et saisina habendi, tenendi et manutenendi... solus et insolidum, certam carnificeriam in loco ad vendendum carnes consueto..., capiendique habendi et percipiendi in dicta carnificeria ..., plura proficua, emolumenta... »

(2) « Quia dicti archiepiscopi pessime carnes corrupte et infecte, et non decenter visitate venduntur, et quanto plures sunt Remis carnificerie, tanto carnes venduntur precio minori ».

(3) « Quod carnes comestibiles... secundum quod justum fuerit et non immoderate vendantur ».

(4) « Quod vendantur bona, sana, legalia et pretio competenti ».

(5) « Et que les bouchiers et poulalliers deussent faire loial marché, segont le pris que il ayent les choses achatées ».

(6) « Non lucrentur in ulla carne quam vendant in duodecim numantiis, nisi denarium unum, nec supra, nec infra, nisi secundum rationem hujus computi ».

devait être : dans les dix dernières villes, d'un denier en tout temps ; à Villefranche et à Najac, de trois oboles de la Saint-Michel à Pâques, et de deux deniers de Pâques à la Saint-Michel. A Rodez-Bourg (B) et à Rodez-Cité (C), ce bénéfice devait être, de la Saint-Michel au Carême, de un denier, et de Pâques à la Saint-Michel, de trois mailles (B) ou de trois oboles (C), non compris le gain retiré des « entrailles » (B) ou des issues (C) — (1).

Boucheries et viandes juives

D'après un édit de Robert d'Anjou, en vigueur dans tout le comté de Provence, la boucherie des juifs devait être séparée de celle des chrétiens (2). C'était pour éviter qu'il arrivât à ces derniers d'acheter l'excédant de la consommation juive en viandes d'animaux sacrifiés selon le rite israélite. A Arles, il était défendu aux juifs de tuer des animaux dans les maisons des chrétiens et la viande juive ne pouvait être vendue à ceux-ci (3). A Salon, le débit de cette viande était absolument interdit aux bouchers ; il y était en outre défendu aux juifs, comme d'ailleurs aux lépreux et aux courtisanes ou femmes publiques, de toucher les viandes et autres vivres exposés en vente à moins de les acheter ; les vendeurs eux-mêmes payaient une amende de 6 sous lorsqu'ils les laissaient faire (4).

Droits seigneuriaux et redevances

Les bouchers étaient exempts de tous impôts professionnels à Montcuq (5) et de droits de vente à Mailly (6). Dans un grand nombre de localités ils

---

(1) « Et possit lucrari carnifex unum denarium pro solido tantum a festo Beati Michaelis usque ad quadragesimam, et a die Paschæ usque ad festum Beati Michaelis tres obolos et non plus, nisi intestina, jecur, cor et pulmonem ».

(2) « Ut etiam inter Christianos et Judeos nulla sit communio, statuimus ut a modo macellus judeorum sit a macello fidelium separatus, ne carnes à judeis judayco modo mactatas et fortassis, eo accepto quod eis necessarium est, quasi super fluas venditioni expositas, a Christianis emi contingat. Quod quidem indignum et velut sacrilegium censentur omnia ab ipsis quæ per fidelium manus parata sunt, judicentur immunda, ac si inferiores ipsorum reputarentur Christiani, si ab ipsis parata reciperent velut munda ».

(3) « Qui vendiderit Christianis carnes interfectas vel macellatas a judeis, et quod nullus judeus ausus sit occidere aliquod animal in domo Christianorum.... ».

(4) « Quod nullus judeus, meretrix vel leprosus panem, pisces, carnes seu fructus quoscumque tangere præsumat nisi solum ea quæ emerit. Vendentes autem, si contrarium patientur fieri, in 6 d. puniantur, et ementes quæ tetigerunt emere compellantur ».

(5) « Los mazeliers so franx, que no dovo re per lor artisia al senhor, ni neguna servitut ».

(6) « Nullus carnificum pro carne mortua vendicionem dabit ».

étaient soumis à des contributions seigneuriales, soit en argent, soit en nature, et quelquefois aux unes et aux autres, c'est-à-dire à des contributions mixtes (1). Ces impositions n'étaient pas établies d'après une assiette unique.

A. — En beaucoup d'endroits chaque détenteur d'un étal de boucherie était redevable d'une somme déterminée, dont l'échéance habituellement annuelle était presque toujours fixée à un jour de fête, par exemple à la Noël (Cordes et Moirans), à la Saint-Nicolas (Louhans et Beaurepaire), à la Saint-Martin (Cuiseaux et Jasseron), etc. Cette redevance correspondait peut-être, dans certains cas, au prix de location d'un *ban* à la boucherie commune, au marché ou à la halle seigneuriale (Louhans, Beaurepaire, La Côte-Saint-André, Boczosel), c'est-à-dire à ce qu'on appelle aujourd'hui le *droit de place*. Peut-être représentait-elle ailleurs la *patente* de notre époque. Chaque boucher payait par an : 2 deniers à Cordes, *m*; 4 d. à Cuiseaux; 9 d. à Romans, *m*; 2 sous à Montferrand, *m* (2), à Moirans, *m*, à Beaurepaire, *m*, et à Louhans, *m*; 3 sous à Jasseron; 5 sous à Réalmont, *m*; et 60 sous « pour charnage » à Charroux. A la Côte-Saint-André et à Boczosel, il était payé chaque semaine pour un *ban* de boucherie, 1 d. à la place du marché et 2 d. et plus (ad voluntatem leydatoris), à la boucherie; les prix étaient doublés pendant les foires.

B. — Des redevances, assez analogues aux *droits d'abatage* et aux *droits d'octroi* actuels, frappaient les viandes de boucherie, soit proportionnellement au nombre d'animaux tués, soit proportionnellement à la quantité de morceaux déterminés (Grenade) ou au poids net. Quelques-unes de ces redevances étaient parfois casuelles et données en échange de certaines tolérances (Branges). Les bouchers devaient, à Montauban, **un denier** par bœuf ou vache et *une maille* par porc; à Lunas, 2 d. par bœuf ou vache, 1 d. par porc et 1 obole par bélier ou brebis; à Cordes, *m*, 1 d. par bœuf ou vache; à Moirans, *m*, 1 d. par porc; à Saint-Symphorien, *m*, 2 d. par bœuf ou porc, 1 d. par mouton et rien pour la chèvre, le bouc et la brebis. A Saint-Malo, il n'était rien dû pour les veaux, « veu la parvité de la valeur des dites bestes ». A Branges, *m*, si par hasard un boucher t ait le dimanche après Vêpres, il payait 1 d. par bœuf ou vache et 1 obole par porc ou mouton, au profit du luminaire de l'église (3). Il était perçu : à Grenade, 1 d. par moitié de porc frais ou salé vendue à la foire d'avant Noël; à Apt, en 1352, 4 d. par quintal de salai-

---

(1) La lettre *m* sera accolée ci-dessous aux localités à *droits mixtes*.

(2) « Carnifices..... dabunt quilibet quolibet anno duos solidos pro leyda, vel unam coxam vacce ».

(3) « Si quis in die Dominica vel sabatho post vesperas forte macellaverit...., ad opus luminaris ecclesiæ solvere tenetur ».

sons; à Pontarlier, aux foires de Saint-Georges et de Saint-Luc, 2 d. par
« cent de chare salée », et 7 d. pour « un bacon simple ». A Châtillon, « ung
bacon de porc vendu en gros doit de vente ung denier ; qui le vent en menu,
il doit de *vente* de XX sols un denier t. ». A Saint-Malo, « le devoir sur la
chair salée » comprenait 1 d. par « coste de lard » et 12 d. par « pipe de
chair salée ». A Réalmont, il était dû 1 d. par chaque quintal de chair salée
pesé au poids du Roi. Les communes percevaient aussi, comme les seigneurs,
des impôts en argent sur les viandes de boucherie. En 1356, les consuls d'Avignonet furent autorisés, pour subvenir aux frais de construction des fortifications de la ville, à prélever, pendant dix ans, 4 d. par *livre* sur la valeur
des bœufs, moutons et porcs vendus pour la boucherie.

C. — Les impositions en nature variaient énormément avec les localités.
Elles comprenaient une ou plusieurs parties des bêtes de boucherie, bovines
ou porcines, d'un seul ou des deux sexes. Elles pouvaient être prises :
1° sur un ou quelques animaux seulement chaque année ; 2° sur tous les animaux tués certains jours de la semaine ou à certaines époques annuelles ;
3° sur tous les animaux sacrifiés dans le cours de l'année. Les impositions en
viande porcine, pour toute l'année comprenaient : à Montpellier, Beauvoir et
Moirans, *m*, les *filets* des porcs ; à Bourgoin, les filets des porcs et des
truies (1) ; à Branges, *m*, une *jambe* de derrière de chaque porc (2) ; à Louhans, *m* (3), et à Beaurepaire, *m*, une *jambe* de chaque porc. Les impositions
en viande porcine, pour certains jours de chaque semaine ou pour certaines
époques de l'année, étaient les suivantes : à Romans, *m*, les filets des porcs
tous les lundis et mardis (4) ; à Cordes, *m*, les jambes des porcs et des truies

---

(1) « Quod macellarii.... debeant solvere domino linguas boum et lombos (*)
porcorum et porcarum et alia bona usagia consueta, exceptis vachis». — (*) Le
mot *lumbi*, rendu dans Brussel par *Echignée* (Echinée), doit désigner ici la région
lombaire actuellement appelée *filet* de porc, à Paris et dans beaucoup d'autres
villes. Dans la coupe du porc de Paris, l'échine représente la partie des côtes comprises sous l'épaule.

(2) « Dominus habet in bove seu vacca venditis ad macellum linguas, porcheto
vero tibiam retro existentem, hoc excepto quod si macellarii eadem animalia interfecerint vel per quindecim dies servaverint, dictas linguas seu tibiam reddere non
tenentur, similiter de primo bove aut vacca in Paschali tempore occisis, et de ultimo
ad Caremis principium occiso linguas reddere non tenentur ».

(3) « Encor retenons nos les langues des buefs et des vaches et la champe des
porcs qui seront vendus à Louans, soit en nostre aule ou auttre part sauf
bacon (*) . » — (*) (Porc salé).

(4) « .... Sacrista et Capitulum Ecclesiæ de Romanis afferant ad se solum et
insolidum pertinere diebus Lunæ et Martis, omnes linguas boum et lumbos porcorum qui dictis diebus in Magno Macello... interficiuntur et venduntur..., excepto
quod primam linguam habere debet Capellanus qui cantat Majorem Missam, et
Diaconus secundam linguam boum qui interficiuntur a die Sabbati ab ortu solis
usque ad diem dominicam sequentem in ortu solis ».

tous les samedis et dimanches, ainsi qu'aux grandes fêtes de l'année, à la fête de Sainte Marie, à celle des Apôtres et aux fêtes où l'on jeûne (1); à Buzet, un pied de porc ou de truie tous les dimanches (2); à Réalmont, *m*, un pied de chaque porc à Noël (3).

Les impositions en viande bovine, pour toute l'année, comprenaient : à la Côte-Saint-André, *m*, et à Boczosel, *m*, le mufle avec trois doigts de peau et les pieds des bœufs et des vaches (4); à Bourgoin et à Beauvoir, les langues des bœufs; à Seyssel, Sagy, Louhans, *m*, Beaurepaire, *m*, Branges, *m*, la Côte-Saint-André, *m*. et Boczosel, *m*, les langues des bœufs et des vaches. L'exemption du *droit de langue* était accordée : à Seyssel, aux bœufs et aux vaches abattus pour les besoins des particuliers (5); à Branges, *m*, pour la dernière bête tuée avant le Carême et la première tuée pour Pâques, bœuf ou vache. Dans le duché de Bourgogne celui qui vendait « en aultrui justice buef ou grosse beste », était tenu d'en donner la langue « au seigneur de la justice », sous peine d'une amende de 65 sous en plus de ladite langue.

Les impositions en viande bovine, pour certains jours de la semaine ou pour certaines époques de l'année, étaient les suivantes : à Buzet, chaque dimanche une langue de bœuf ou de vache, et à Noël une tête de bœuf ou de vache avec la langue; à Réalmont, *m*, à Noël la langue des vaches; à Montferrand, *m*, une cuisse de vache par an; à Cordes, *m*, à Noël la tête, la langue, la queue et les pieds des bœufs et des vaches. A Saint-Symphorien, *m*, de la Toussaint à Noël la langue des bœufs, et de Saint-Martin à Noël les pieds et le mufle des bœufs (6). A Romans, *m*, les langues de bœufs revenaient tous les lundis et mardis au Chapitre, tous les samedis au diacre et au chapelain chantant la grande Messe.

A Branges, *m*, les lépreux avaient le cœur, le poumon et la partie de

---

(1) « Quilibet carnifex det nobis... de quolibet porco seu sue, quam interfecerit die Sabbati vel die Dominica, vel in festo annualibus et beate Marie apostolorum et in aliis festivitatibus habentibus jejunia omnes cambas. Det etiam nobis quilibet carnifex qui occiderit bovem seu vaccam de quolibet loco caput et pedes et lingeiam et caudam in festo Natalis Domini ».

(2) « Poterit quilibet vendere, si voluerit, carnes sanas ubicumque voluerit; et quolibet die dominica nobis tenebitur de porco vel sue dare pedem, et de bove vel vacca vere linguam, et in festo Natalis Dominice de bove vel vacca caput cum lingua ».

(3) « Unus pes cujuslibet porci ».

(4) « Quod de quolibet bove seu vacca venditis in macello, lingua quatuor pedes, et musellus cum tribus plenis digitis de corio cum musello levantur ».

(5) « Qui interfecit bovem vel vaccam ad opus suum non debet linguam ».

(6) « A. festo B. Martini usque ad festum Nat-Domini, quatuor pedes bovis, et **morsus** sive « *groin* » ejusdem ».

queue laissée dans la peau de chaque bœuf ou vache; les pauvres de l'hospice en avaient les tripes (1).

Certaines municipalités recevaient des bouchers des présents analogues aux droits seigneuriaux en nature : A Niort, en 1663, les bouchers de la grande boucherie étaient tenus de donner au maire « chacune Vigile de Noël une poictrine de bœuf du meilleur... exposé en vente ledit jour en ladite boucherie ». Les maires de cette ville « avoient accoustumé de toute ancienneté jouir et usez » de ce droit. La veille de Noël également, les bouchers de la petite boucherie devaient au maire « un demy mouton et un quart de veau ».

Pénalités.

Les délits de boucherie entraînaient parfois pour leurs auteurs la suppression de leur métier. Cette peine pouvait être temporaire, comme à Montaulieu, où sa durée était d'une demi-année, comme à Montcuq et à Flixecourt où elle était d'une année entière. Elle pouvait être perpétuelle, comme à Avignon pour les bouchers qui en étaient à leur quatrième contravention (2) et à Buzet pour les bouchers qui avaient écorché un amimal malade. A Apt, les consuls avaient le droit de faire fermer les boucheries, lorsqu'il y était débité des viandes vendables à part.

A Saint-Jean-d'Angély les commerçants, reconnus coupables de certaines infractions à la police des vivres, encourraient soit la peine du *pilori*, soit celle de la *marque*.

En 1380, un boucher de Reims (Petit-Prevost), qui avait voulu se soustraire à la visite des échevins, fut condamné par le Parlement de Paris à faire *amende honorable*, « en la manière qu'il s'ensieut : C'est assavoir que durant la foire de la Coulture de Reims prochainement venant, lesdis eschevins, et aussi ledit Petit-Prévost se assembleront en la boucherie, où il avoit vendue sa char au jour de ladite prinse, et en ce propre lieu, ou assez près ledit Petit-Prévost dira teles paroles, ou en sustance : « Seigneurs eschevins, il me remembre que à la foire de la Coulture qui fu ores a un an, vous et un des sergens monseigneur l'arcevesque de Reins, veinstes à mon estal, ou je vendois char de viau, et en preinstes ou feistes penre certainnes pièces pour les visiter, et jugier se bonnes estoient pour vendre, et pour vivre les bonnes

---

(1) « De quolibet bove seu vacca ad macellum occisis habent leprosi corellas (le cœur, le poumon, vulgairement la corée), et pauperes hospitalis ejusdem villæ corructias (les tripes); insuper illi leprosi caudas coriorum in eadem villa tamnatorum debent habere ».

(2) « Pro quarta contraventione, ipso facto potestate vendendi et revendendi perpetuo priventur ».

gens ; et pour ce que je ne savoie pour lors se ad se faire esliés commis, mais en estoie ignorans, en affermant que ladicte char estoit bonne et souffisante, me itent peinne d'icelle rescourre, et de dire aucunes paroles qui sentoient désobéissance, desquelles choses je me repens, je vous di que toutes icelles rescouces et désobéissances par moy faites et dites contre vous, je les vous amende, et pour ce que de la char propre qui pour lors fu prinse, je ne vous puis faire restablissement, je, de ceste piéce de char que je tien ci, fas à vous restablissement de fait, et que autant vaille comme se je la vous peusse faire et faisoie de la propre char que vous preistes, se elle fust en nature de chose ».

Autrefois, dans le but de faire un exemple, on punissait souvent séance tenante les voleurs pris en flagrant délit dans les halles, sur les foires et les marchés. En 1276, à Vienne, un officier de justice ayant trouvé un individu, en train de voler de la viande à la boucherie, lui coupa l'oreille sur le champ en présence d'un grand nombre de bouchers.

La confiscation des viandes de boucherie était une mesure de rigueur, usitée très souvent dans des cas fort divers, ainsi qu'on a pu le voir dans le cours de ce travail. Elle pouvait être appliquée, selon les circonstances, aux bonnes viandes comme aux mauvaises.

Les contraventions, entraînant des amendes, étaient visées par les règlements d'une façon générale ou particulière, selon les localités. Les principales étaient les suivantes : Abatage des bestiaux hors des endroits désignés ; manque de propreté des tueries ; débit clandestin, vente de viandes non inspectées, de viandes frauduleusement apprêtées (soufflées, mouillées, etc.), de viandes trop longtemps conservées, de viandes complètement prohibées ; vente dans les boucheries ordinaires de viandes vendables en basse boucherie ; vente de bouc, de chèvre ou de brebis pour du mouton ; vente de truie ou de verrat pour du cochon ; vente de porc ladre pour du porc sain ; non observation de la taxe ; vente à faux poids, etc.

L'amende allait avec la privation de la profession à Buzet, à Flixecourt (soustraction d'animaux à l'inspection), à Montaulieu (débit de viandes prohibées), et à Montcuq (vente à la boucherie de viandes de bas étal).

A Amiens l'interdiction de vente sur le territoire de la commune était prononcée contre les bouchers de la terre de l'Évêque, dans le cas de refus de paiement à la municipalité des amendes encourues aux halles communales.

Le coût des amendes était dans beaucoup de localités préalablement fixé par les *Chartes de Coutumes*, tantôt uniformément, tantôt diversement selon les cas (*Amendes coutumières*). Dans d'autres villes il n'était pas déterminé à l'avance. Ainsi à Vernon, il était « à la discrétion de la justice » ; à Gardemont il était établi par le bailli et les consuls, selon la gravité du délit et les facultés des délinquants (*Amendes arbitraires*).

L'*amende coutumière* uniforme était de 12 deniers à Albi, de 2 sous 1 d. à Marziac, Saint-Martin, Rabastens-de-Bigorre, Tournay et Peyrouse; de 5 s. à Trie, Solomiac, Val-Roi, Toulouse et Neufchâteau ; de 7 s. à Branges, Montréal et Poncin; de 7 s. 1 d. à Villefranche et à Najac; de 10 s. à Millau et à Toul; de 25 s. à Angoulême; de 40 s. en Savoie; de 60 s. à Flixecourt, Heyrieux, Saint-Symphorien, Saint-Georges, Baugé, Bourg, Pont-de-Vaux et Sagy; de 60 s. 1 d. à Niort.

Les *amendes coutumières* variables étaient de 6 d. et de 10 s. à Salon; de 2 s. 6 d. et de 5 s. à Buzet; de 7 s. et de 60 s. à Bourgoin, Louhans et Beaurepaire; de 10 s. et de 20 s. à Arles; de 10 s. et de 40 s. à Sommières; de 10 s. et de 65 s. à Châtillon; de 3 s., de 6 s., de 20 s., et de 5 florins à Avignon ; de 10 livres à Nimes. A Avignon, chacune des amendes précitées était doublée à la deuxième contravention et triplée à la troisième.

Les sommes produites par les condamnations des bouchers revenaient souvent en totalité, soit aux seigneurs souverains, par exemple au roi de France « Dominus Rex », (Marziac, Rabastens-de-Bigorre, Trie, Solomiac, etc.), soit aux seigneurs ordinaires, maîtres d'une seule ou de plusieurs localités (Branges, Louhans, Bourg, etc.). Elles étaient quelquefois attribuées entièrement à la commune (Arles). Elles étaient parfois partagées tantôt par le roi de France avec les seigneurs suzerains ou avec les communes, tantôt par les seigneurs avec les communes ou bien encore par les seigneurs d'un même lieu entre eux. A Laon le roi de France et l'évêque avaient chacun la moitié des amendes. Le roi de France en prenait les deux tiers et la commune le tiers à Montaulieu, Figeac et Marvéjols. Le partage se faisait par moitié entre le roi de France et la commune à Lisle et à Montauban. A Saint-Josse la répartition était d'environ un quart pour la municipalité et les trois quarts pour la seigneurie de l'Abbaye. A Châtillon les amendes étaient *communes* à deux des trois seigneurs de la localité, malgré que les délinquants fussent « aucunes foys liges, et est la cause que le délit de ces amandes naissent et procèdent d'ordonnances et dédiz fais par les deux seigneurs ». Dans certaines villes les préposés à la police de la boucherie touchaient une remise sur les amendes résultant des contraventions, qu'ils avaient constatées: le tiers à Avignon, la moitié à Nîmes, ainsi que dans les trois seigneuries et l'échevinage de Reims. Dans certains cas, à Arles, le dénonciateur avait droit à la moitié de l'amende, provoquée par le délit qu'il avait fait connaître (« accusatore nullo modo vel tempore celato »). Une partie des amendes était parfois perçue au profit des établissements de charité ; c'est ainsi qu'il en revenait le tiers à l'hôpital Sainte-Marthe à Avignon. L'acheteur trompé et le seigneur prenaient possession de l'amende à Montréal et à Poncin.

Police alimentaire en général.

Il me reste à dire que pour certaines localités, dont il n'a pas été question jusqu'ici ou qui ont été à peine citées, les *Chartes de Privilèges* se bornent à indiquer que la police alimentaire était dans les attributions de l'administration communale. Telles sont les chartes de Rabastens-de-Tarn (1), Isle d'Albi (1), Le Mans (2), Castelnaudary (3), Bourges (4), Arras (5) et Harfleur, où il est traité très brièvement de la police des viandes. Dans les chartes de La Rochelle (6), Saintes (7) et Issoudun (8) la police des aliments est visée d'une façon générale. A Saint-Malo, le capitaine de la ville ou son lieutenant s'occupait avec les officiers du Chapitre de « la police et ordre des vivres ».

Autrefois et aujourd'hui — Comparaison

En résumé, l'inspection des viandes avait, au Moyen-Age, une organisation locale, nettement définie et tout à fait en rapport avec les connaissances de l'époque. Aujourd'hui elle est réglée par la loi sur l'organisation municipale du 5 avril 1884; par la loi du 27 mars 1851; par la loi du 21 juillet 1881 sur la Police sanitaire des animaux, son règlement d'administration publique du 22 juin 1882, et des arrêtés ministériels complémentaires; enfin, par des arrêtés municipaux particuliers à chaque commune. Grâce au respect professé pour cette réglementation moderne par les municipalités éclairées, le contrôle sanitaire de la boucherie est pratiqué depuis quelques années, dans un certain nombre de villes, d'une façon convenable, sous la direction effective d'un ou de plusieurs vétérinaires; mais à côté de ces villes il y en a d'autres où l'inspection des viandes, regardée comme une institution hygiénique négligeable, n'est exercée que par des empiriques incompétents ou même n'est pas exercée du tout et ne figure ni au budget communal ni dans la collection des arrêtés municipaux. Comme les commerçants intéressés se

---

(1) « Quod consules... possint cognoscere de regimine macellorum »

(2-3-4-5) Les magistrats municipaux ont : (2) le pouvoir « de corriger bouchiers » ; (3) « Cognitio carnium minus sufficienciùm ». — (4) Juridiction « sur les chairs des bouchers » ; (5) le pouvoir de faire des ordonnances sur les vivres, les viandes, avec « juridiction, décision, congnoissance et pugnicion de tous les abuz qui y pourront estre faiz », avec pouvoir de « pugnir les délinquans criminellement, se les cas le requièrent, ou civillement selon l'exigence d'iceulx ».

(6-7-8) Les magistrats municipaux ont: (6) « la cognoissance des alimens » ; (7) « toute congnoissance sur les denrées et marchandises vendues » ; (8) connaissance « de toutes choses concernant vitailles ».

gardent bien de se plaindre, que les consommateurs ignorants des mystères de la boucherie ne réclament rien, et que les frais d'inspection ne grèvent pas les finances communales, tout semble être pour le mieux dans les localités où se perpétue un pareil état de choses, aussi contraire aux lois que préjudiciable à l'intérêt public. N'est-il pas pénible de constater à la fin du 19⁰ siècle l'existence d'un grand nombre de municipalités moins soucieuses de l'hygiène alimentaire de leurs administrés, que beaucoup de municipalités du Moyen-Age. Il y a là une anomalie appelée à disparaître. Dans les villages les plus humbles comme dans les plus grandes villes, chaque consommateur devrait être constamment assuré que la viande qu'il achète est non seulement *saine,* mais encore *mangeable.*

Index bibliographique

Pour ne pas donner trop d'étendue à la bibliographie, tout en la présentant aussi complète que possible, j'ai fait de nombreuses abréviations, dont les principales sont expliquées ci-dessous :

T.; P.; R^{ts}; D^{ts}; F^{ses}; C^{mes}; P^{ges}; S^{ts}; Lib.; P^{ce}; = Tome; Page; Règlements; Droits; Franchises; Coutumes; Privilèges; Statuts; Libertés; Police. — S^r; R.; D.; Cte; Ev.; Arch.; Ech.; Abb.; Chap.; B^{ois}; H^{ts}. = Seigneur; Roi; Duc; Comte; Evêque; Archevêque; Echevin et Echevinage; Abbaye; Chapitre; Bourgeois; Habitants. — L.; a.; Ac.; Dif.; C^{on}; p.; ap.; c.; f.; s. = Lettres; article; Accord; Différends; Création; par; approuvé; concédé; fait; semblable. — Ch.; J.; L^s; Ph. = Charles; Jean; Louis; Philippe. — Lorsqu'un mois est désigné dans une date, son nom est représenté par une indication très compréhensible. La plupart des indications données dans les textes originaux en vieux français, en roman du midi ou en latin du Moyen-Age, sont traduites ici en français actuel.

Ordonnances des Rois de France de la troisième race recueillies par ordre chronologique :

T. 2. — P. 30; R^{ts} d'Angers; L. Ch. II, Cte d'Anjou; A^t 1219; L. Ph. VI, A^t 1329; a. 6 et 7, a. ad. 5. — P. 475; P^{ges} de Isle et Ravestens; L. J. I, j^{er} 1351; a. 3. — P. 477 : C^{on} Consulat à Guiole; L. J. I, j^{er} 1351; a. 13 et 14,

T. 3. — P. 73 : P^{ges} d'Avinionet; L. J. I, a^t 1356; a. 10. — P. 267 : P^{ges} du Chap. de Romans; L. J. I, oct. 1358; a. 14 (1°) et 11 (2°).

T. 4. — P. 16 : P^{ges} de Grenade; L. J. I, déc. 1350; a. 9 et 27. — P. 674; C^{on} Consulat à Marvéjols; L. Ch. V, j^{et} 1366; a. 7.

T. 5. — P. 5 : P^ges^ de Castelnaudary ; L. Ch. V, mai 1367 ; a. 2. — P. 675 : P^ges^ de St-Jean-d'Angély ; L. Ph. VI, j^et^ 1331 ; L. Ch. V, nov. 1372 ; a. 8 (1). — P. 679 : P^ges^ d'Angoulême ; L. Ch. V, mars 1373 ; a. 4 et 20 (2). — P. 713 : P^ges^ de Mailly-le-Château ; L. Ch. V, oct. 1371 ; a. 28.

T. 7. — P. 193 : P^ges^ de Réalmont ; L. Ch. VI, J^n^ 1388 ; a. 10. — P. 306 : P^ges^ d'Eyrieu ; L. Ch. VI, nov. 1389 ; a. 63. — P. 494 : P^ges^ de Montolieu ; L. Ch. VI, sept. 1392 ; a. 47 et 48. — P. 655 : P^ges^ de Figeac ; L. Ph. V, oct. 1318 ; L. Ch. VI, a^t^ 1394 ; a. 16 et 17.

T. 8. — P. 35 : P^ges^ de Lautrec ; L. Ph. Val, mars 1327 et mars 1330 ; L. Ch. VI, j^er^ 1395 ; a. 9. — P. 81 : P^ges^ de Fleurence ; L. Cte d'Arm, j^et^ 1339 ; L. Ch. VI, j^et^ 1396 ; a. 10. — P. 197 : D^ts^ R^fs^ du S^r^ et d. H^ts^ de Laudosum (Ludesse) ; L. Ch. VI, mars 1397 ; a. 40. — P. 475 : P^ges^ de St-Rome ; L. Ch. IV, mai 1322 ; L. Ch. VI, oct. 1401 ; a. 2.

T. 9. — P. 555 : P^ges^ des For du Lautrecois ; L. Ch. VI, déc. 1410 ; a. 16.

T. 11. — P. 152 : P^ges^ de Caen ; L. Henri V, R. d'Angl., j^er^ 1421 ; a. 6. — P. 298 : C^on^ Commune à Athyes ; L. Ph. Aug., 1212 ; a. 40. — P. 417 : P^ges^ de l'Isle ; L. Ph. IV, j^et^ 1309 ; a. 13.

T. 12. — P. 5 : D^ts^ des Ev. de Laon ; L. Ph. VI, mars 1331 ; a. 5. — P. 341 : P^ges^ de Marziac ; L. Ph. IV, j^et^ 1300 ; a. 16. — P. 368 : C^mes^ de Tournay ; L. Ph. IV, j^er^ 1307 ; a 11. — P. 376 : C^mes^ de la Peyrouse ; L. Ph. IV ; déc. 1308 ; a. 16. — P. 382 : C^mes^ de Gardemont ; L. Ph. IV, j^er^ 1310 ; a. 29. — P. 394 : P^ges^ de Villeneuve de Berg ; L. Ph. IV, av. 1312 ; a. 19. — P. 397 : P^ges^ de Lunas ; L. Ph. IV, j^et^ 1312 ; a. 49. — P. 420 : P^ges^ de Buset ; L. Ray. VII, Cte de T^se^, a^t^ 1241 ; L. L^s^ XI, mars 1461 ; a. 13. — P. 445 : R^t^ de Provins ; L. Ph. V, av. 1319 ; a. 16. — P. 470 : P^ges^ de Montauban ; L. Ch. IV, j^er^ 1322 ; a. 6. — P. 480 : C^mes^ de Villefranche en Rouergue ; L. Ch. IV, fév. 1323 ; a. 5. — P. 487 : P^ges^ de Trie ; L. Ch. IV, sept. 1325 ; a. 15, 16, 58. — P. 500 : P^ges^ de Solomiac ; L. Ph. Val., mars 1327 ; s. à Trie. — P. 504 : P^ges^ de St-Martin ; L. Ph. Val., av. 1327, et P^ges^ de Rabastens ; L. Ph. IV, 1295 ; s. à Marziac. — P. 523 : C^mes^ de Val-Roi en Chalosse ; L. Ph. VI, mars 1331 ; s. à Trie.

T. 13. — P. 11 : D^ts^ de La Rochelle ; L. Ch. VII, j^er^ 1422.

T. 14. — P. 106 : P^ges^ de Castelnaudary ; L. Ch. VII, oct. 1450 ; a. 2. — P. 206 : P^ges^ de Montferrand ; L. Ch. VII, mai 1452 ; a. 119. — P. 513 : Vente des denrées à Vernon ; R^t^ ; L. Ch. VII, fév. 1460 ; a. 3.

---

(1) et (2) De Corlieu et de la Charlonye. *Histoire de la ville d'Angoulesme*, 2e édit., 1631, p. 11 et p. 18.

T. 16. — P. 124 : F^{ses} de Moncuq ; L. L^s XI, nov. 1463 ; a. 25. — P. 178 : P^{ges} de Sommières ; L. L^s XI, mars 1463 ; a. 10, 28, 29, 30.

T. 17. — P. 275 : P^{ges} de Mende ; L. L^s XI, déc. 1469 ; a. 1 et 2.

T. 18. — P. 643 : P^{ges} de Franchise (Arras). L. L^s XI, j^{et} 1481 ; a. 5. — P. 749 : P^{ges} du Mans ; L. L^s XI, fév. 1481 ; a. 15.

T. 19. — P. 383 : P^{ges} de L'Isle : L, Ch. VIII, j^{et} 1484 ; a. 5.

T. 20. — P. 129 : P^{ges} de St-Symphorien d'Ozon ; L. Améd. Cte de Sav., nov. 1295 ; L. Ch. VIII, mars 1488 ; a. 52. — P. 308 : P^{ges} du Château de Cordes ; L. Ch. VIII, déc. 1491. — P. 325 : P^{ges} de Saintes ; L. Ch. VIII, mai 1492. — P. 339 : P^{ges} d'Issoudun ; L. Ch. VIII, j^{et} 1492. — P. 373 : P^{ges} de Harfleur ; L. Ch. VIII, fév. 1492. — P. 606 : P^{ges} de Bourgoin c. p. H^t I Dauph., a^t 1298 ; L. Ch. VIII, mai 1497 ; a. 61 à 64.

T. 21. — P. 153 : P^{ges} de Bourges ; L. Ch. VIII, av. 1491 ; j^{er} 1498.

Champollion-Figeac : *Documents historiques inédits :* T. 2 ; P. 26 : C^{mes} de Millau de 1437. = T. 3. — P. 1 : P^{ges} du Bourg de Rodez ; ap. p. H^l d'Alb. R. de Nav., j^{et} 1535. — P. 15 : Cité de Rodez ; R^{ts} f. p. l'Év., j^n 1307. — P. 27 : C^{mes} de Najac, c. p. Alph. de Fr., Cte de T^{se} et R^{gue} ; a^t 1255.

Augustin Thierry : *Recueil des Monuments inédits de l'Histoire du Tiers-État.* — T. 1. — P. 151 : 2° C^{me} M^{le} d'Amiens, fin 13° siècle ; a. 10 et 86. = T. 3. — P. 464 : D^{ts} R^{fs} de l'Abb. et des B^{ols} de Corbie : L. Ph. IV, mars 1297 ; a. 3. — P. 646 : C^{mes} de Flixicourt ; sept. 1507 ; a. 16. = T. 4. P. 63 : D^{ts} R^{fs} de l'Abb. et de l'Éch. de St-Josse ; L. de J. de B., Cte de Pont. nov. 1352 ; a. 17.

P. Varin : *Archives administratives de la ville de Reims :* 1° Par., T. 2. — P. 78 : Procès de l'Éch., 1309. = 1° Par., T. 3. — P. 473 : P^{ce} des Vivres ; ac. ; j^{er} 1379. — P. 499 : Ac. ent. Éch. et un boucher, fév. 1380. — P. 523 : Dif. Arch. et Chap., Boucherie ; 1382 à 1385. — P. 537 : Com. Bail. Verm. ; Bouchers, 1384. — P. 711 : P^{ce} des Vivres ; Trans. ; 1389. — P. 787 : Ac. ent. Éch. et Arch., j^{er} 1392. = 2° par. T. 1. — P. 484 : D^{ts} de l'Éch. 1564.

De Valbonnais : *Histoire de Dauphiné*, 1722. T. 1. — P. 16 : Lib. de Moirens, c. p. B. de M., 1209. — P. 23 : Inquisitio pro jurisdict., in Civ. Vienna, 1276. — P. 26 : Lib. de St-Georges d'Espéranche, c. p. Améd. Cte de Sav., fév. 1291. — P. 58 : Lib. de Beauvoir de Marc, c. p. G. de B., mars 1256. — Extenta Jurium Com. Sab. ap. Costam S. Andreæ et Boczosellum, nov. 1309 (P. 85), et ap. S. Symphorianum de Auzone, apr. 1309 (P. 97).

Samuel Guichenon : *Histoire de Bresse et de Bugey*. — 1650. 4° Par. — P. 63 : F^{ses} de Baugé, c. p. G. Sire de Baugé et R. de B., mars 1250 (1). — P. 105 : F^{ses} de Jasseron, 1283. — P. 202 : F^{ses} de Montréal, av. 1287 (2). — P. 244 : F^{ses} de Seyssel, c. p. Améd. IV, Cte de Sav., 1285.

Bibliothèque des Manuscrits de Troyes, Liasse n° 2395 : 4°, F^{ses} de Louans, c. p. Sr de L., 1269 (3); 7°, F^{ses} de Cuiseaux, c. p. Sr de C., j^{et} 1265; 9°, C^{mes} de Branges, c. p. S^r de Br., a^t 1256; a. 12, 30, 31, 32.

Ch. Giraud : *Histoire du droit français au Moyen Age*, 1846. — T. 1. — P. 47 : C^{mes} de Montpellier, 1204; a. 103; et C^{mes} de Carcassonne, 1204; a. 103. — P. 92 : C^{mes} d'Albi, c. p. l'Év., sept. 1268; a. 17, 18. = T. 2. — P. 64 : Sts de Provence, f. p. Robert. — P. 133 : C^{mes} d'Apt; D^{ts} des Consuls, c. p. Srs de Sym., j^n 1252; a. 23, 24. — P. 144 : P^{ges} d'Apt, c. p. C^{tes} de Prov., nov. 1352; a. 73. — P. 181 : C^{mes} d'Apt. — P. 185 : S^{ts} d'Arles, 1162-1202; a. 42, 43, 44, 92, 182. — P. 246 : Sts de Salon, mai 1293 et j^{er} 1365. — P. 268 : C^{mes} du Duché de Bourgogne, 1270-1360; a. 221, 222. — P. 338 : C^{mes} de Chatillon, 1371; a. 24, 85, 103, — P. 400 : C^{mes} de Charroux, 1247, a. 47.

Soc. Arch. de Montpellier. α, Petit Thalamus de Montpellier, 1840; β, Coutumes de Perpignan, 1848. = α, P. 1 : C^{mes} de Montpellier, ap. p. Pierre II, R. d'Arag., a^t 1204; a. 104 (4). = β, P. 5 : C^{mes} de Perpignan, ap. p. Jac. le Conq., R. d'Arag., 1242; a. 47, 48, 55. — P. 65 : Octroi intégral des C^{mes} de Perp. à Opoul, mai 1246. — P. 66 : Octroi partiel des C^{mes} de Perp. à Collioure, j^n 1277.

Statuta antiqua Sabaudiæ. Turin, 1513. L^l. 3; C^a. 27; P. 67. Sts de Savoie c. p. Améd. D. de Sav., j^n 1430.

Statuta Civitatis Avenionensis, α et β = α, 1 vol. 1564; S^{ts} ap. p. le Pape Pie IV, j^{er} 1563; P. 6; R^u. 6; et P. 10; R^u. 9. = β, 1 vol., 1617; S^{ts} ap. p. le Pape, j^n 1568; P. 17; R^u. 6.

Est. Pérard : *Recueil de plus. pièces c. s. à l'Histoire de Bourgogne*, 1664. — P. 509. C^{mes} de Saigey (Sagy) c. p. Améd. de Sav., j^n 1266; conf. p. Eudes D. de B^{gne}, mai 1347.

---

(1) Les Franchises de Bourg (mars 1250) et de Pont-de-Vaux (février 1250) sont semblables à celles de Baugé; 2e par., p. 16 et 92.

(2) Les Franchises de Poncin (1292) sont pareilles à celles de Montréal; 2e par. bis, p. 87.

(3) Les Franchises de Beaurepaire (mars 1271) sont les mêmes que celles de Louhans; 10°.

(4) D'Aigrefeuille. *Histoire de Montpellier*, 1737. — T. 1. — P. 647.

Brussel : *De l'usage général des Fiefs en France*, 1727. — T. 2. — P. 728 : Viguerie de Montpellier c. p. Guil. de M. à R. et B., j^{er} 1103. — P. 1016 : F^{ses} de Neufchâtel c. p. Ferri II, D. de Lor.; ap. p. Th. R. de Nav. et Cte de Champ., j^{er} 1256.

Droz : *Histoire de Pontarlier*, 1760. — P. 307 : Établ. des Foires S^t-G^{ges} et St-Luc, p. Ph. D. de B^{gne}, a^t 1393.

D. Morice : *Histoire de Bretagne*, 1746. — T. 3. — P. 909 : Dif. ent. B^{ois} et Chap. St-Malo ; R^t ; Ed. Reine Anne, oct. 1513 (1). — P. 974 : Dif. ent. Chap. et Cap. de St-Malo ; R^t ; Ed. François Ier, j^{er} 1527.

D. Plancher. *Histoire de Bourgogne*, 1748. T. 3 : Preuves, P. 108 : Ac. ent. D. de B^{gne} et Ev. d'Autun, 1387.

Augier. *Thrésor des titres justificatifs des Priviléges, etc., de Nyort.* 1675. P. 156 : Devoir au Maire, 1663 — P. 180 : Complainte contre 2 bouchers ; 1436 — P. 205 : Sentence contre 2 bouchers, 1436 ... P. 291 : Revenus de la Mairie.

G. Catel, *a. Histoire des Comtes de Tolose*, 1623 ; *b, Histoire du Languedoc.* — *a*, P. 215 : Sts de Toulouse ap. p. Ray. V, Cte de T^{se}, A^t. 1181. — *b*, P. 322 : Charte de Montauban c. p. Alph. Cte de T^{se}, oct. 1144.

B. Durand. *Anciens Priviléges de Chalon-s.-S.*, 1660. P. 63 : Des Foires.

L. Berthaut. *Histoire de Chalon-s.-S.*, 1662. T. 2 : Dif. ent. Ech. et Ev., 1494 ; Traité du G^r d. B^{gne}, A^t 1495.

Ménard. *Histoire de Nîmes*, 1753. T. 4. Preuves, P. 116 : P^{ce} de Nîm. ; R^t d. Senec. de Beauc. ; fév. 1529.

Thiery. *Histoire de Toul*, 1841. T. 1. P. 270. Sts de Toul c. p. l'Ev., 1330.

Frédéric Godefroy. *Dictionnaire de l'ancienne langue française.*

Ducange et Henschel. *a, Glossarium mediæ et infimæ latinitatis ; b, Glossaire français*, 1850.

Roquefort. *Glossaire de la langue romane*, 1708.

Raynouard. *Lexique roman*, 1842.

Honnorat. *Dictionnaire de la Langue d'Oc ancienne et moderne*, 1846-1847.

J. Gourdon. *Traité de la castration des animaux domestiques*, 1860.

Augustin Thierry. *Lettres sur l'Histoire de France.*

---

(1) A. Lobineau. *Histoire de Bretagne*, 1707. — T. 2. — P. 1578.

www.ingramcontent.com/pod-product-compliance
Lightning Source LLC
Chambersburg PA
CBHW060510050426

42451CB00009B/907